SIMPLY NORDIC

Accessoires stricken im Skandi-Style

INHALT

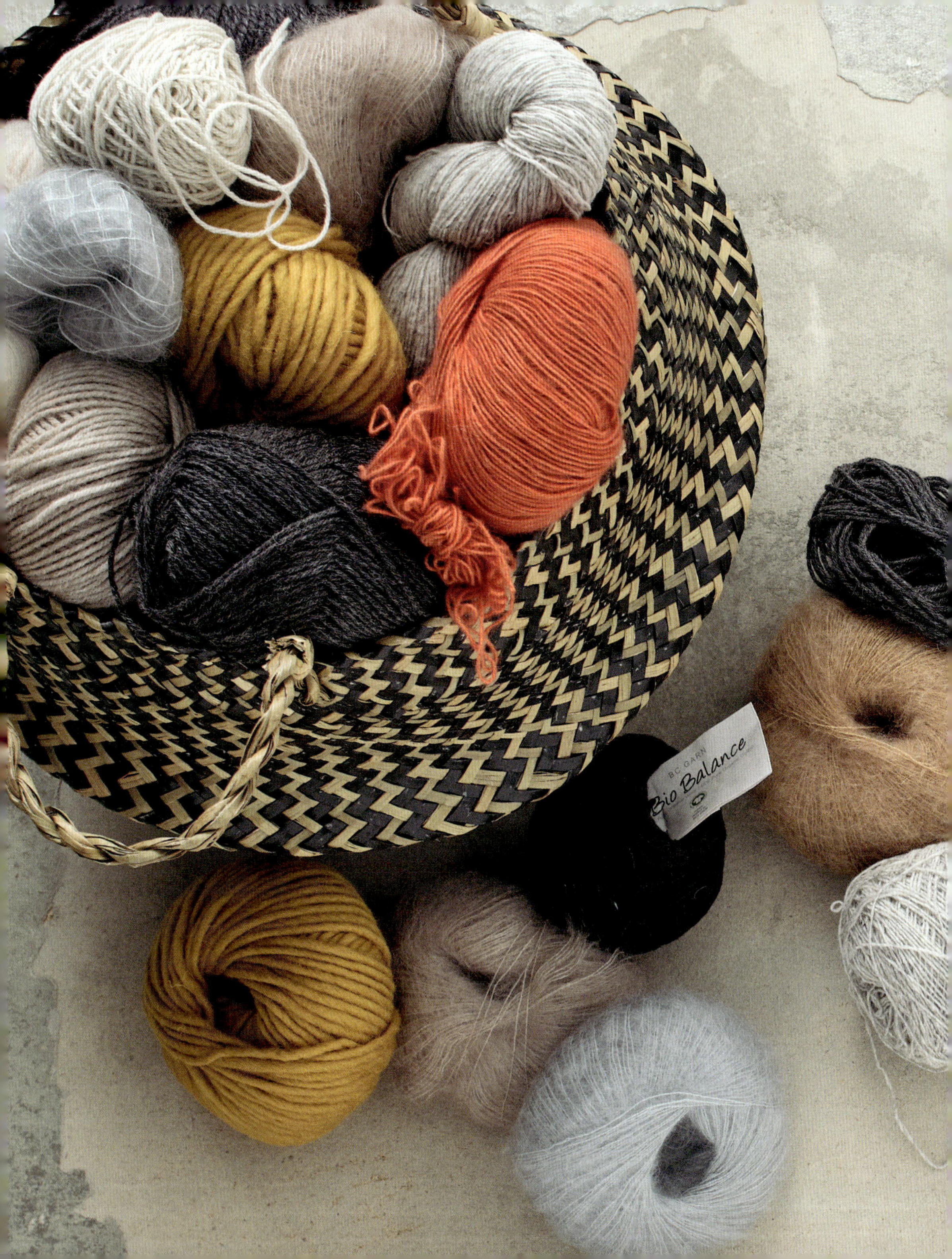
BC GARN
Bio Balance

VORWORT

STRICKLIEBE SIMPLY NORDIC!

Der hohe Norden ist bekannt für kalte Winter, Gemütlichkeit, einen ganz besonderen Lifestyle – und für unnachahmlichen Stil!
Basic, lässig, trendy, aber ohne Schnickschnack.
Ob Wohnen, Kleidung oder Mindset – viele von uns sind begeistert vom nordic way of life.
Strick dir ganz einfach den Nordic Streetstyle! Die Modelle in diesem Buch begeistern durch zeitlose Schlichtheit, außerdem sind sie für Strick-Neulinge ideal, die ihre ersten tragbaren Accessoires anfertigen möchten.
Echte Alltime-Favourites, die du garantiert rauf und runter stricken, tragen und an deine Liebsten verschenken willst!
Also worauf wartest du?
Stickning är kul – Stricken macht Spaß!

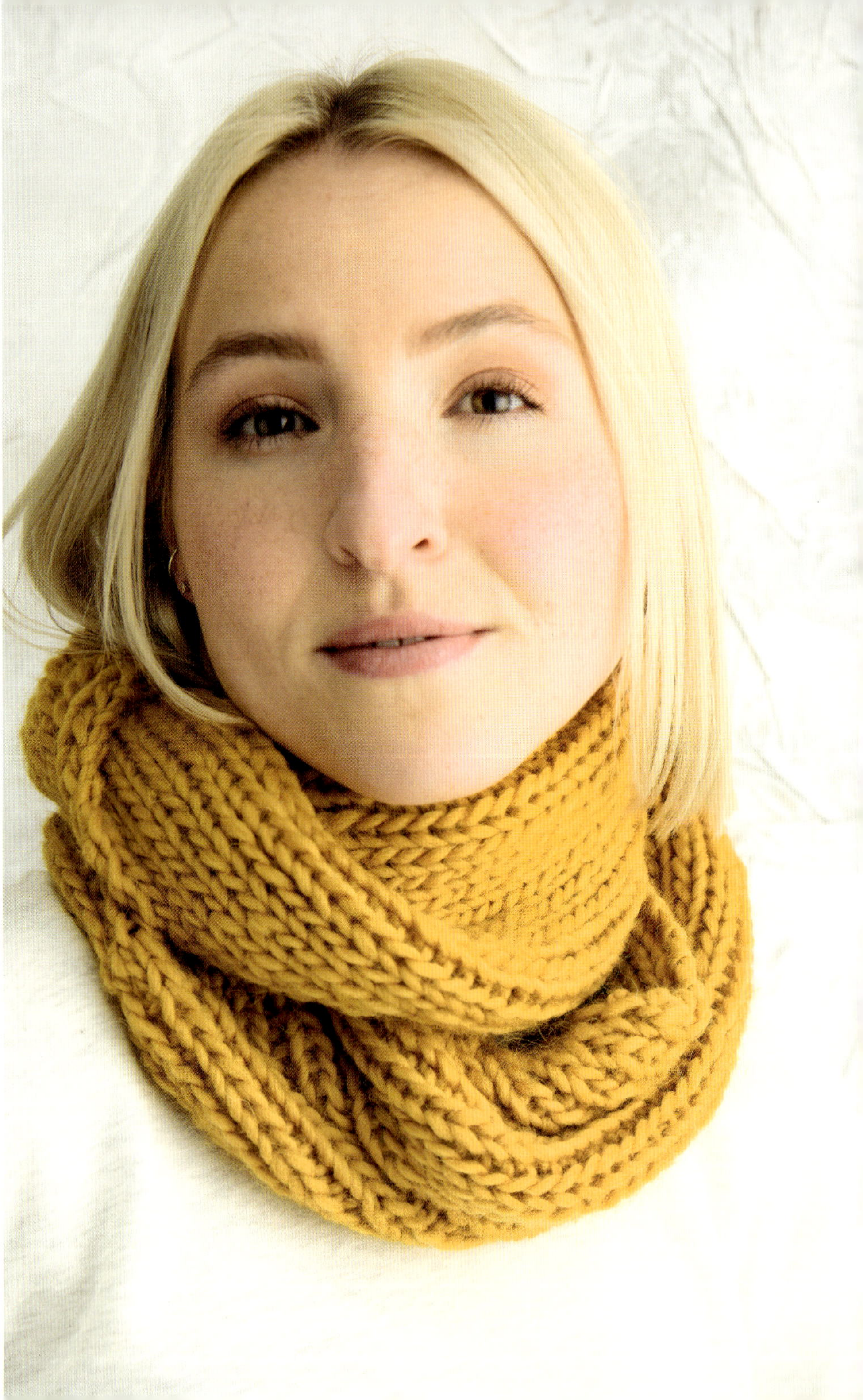

ÅLESUND

LOOP IM RIPPENMUSTER

Maschen anschlagen | rechte Maschen | linke Maschen | Abketten | Zusammennähen

GRÖSSE
ca. 105 cm Umfang, 24 cm breit

MATERIAL

- Lana Grossa Feltro (LL 50 m/50 g) in Senf (Fb 93), 300 g
- Rundstricknadeln 8,0 mm, 40 cm lang
- Wollnadel

MASCHENPROBE
Rippenmuster mit Nd 8,0 mm
15,5 M und 15 R = 10 x 10 cm

Knötchenrand

Die 1. M jeder R wie zum Rechtsstr abheben. Die letzte M jeder R rechts str.

Rippenmuster

In den Hinr 1 M rechts, 1 M links im Wechsel str. In den Rückr die M str, wie sie erscheinen, also rechte M rechts, linke M links.

Anleitung

Der Loop wird zunächst als Schal gestrickt und anschließend zusammengenäht.

39 M anschl. Zwischen den Rdm im Rippenmuster str, dabei die Rdm im Knötchenrand arbeiten. Nach 105 cm = 158 R ab Anschlag im Rippenmuster die Maschen abk, wie sie erscheinen.

Fertigstellen

Das Modell kann nach Belieben als lässiger Loop oder Schal getragen werden. Für einen Loop die Anschlag- und Abkettkante zusammennähen.

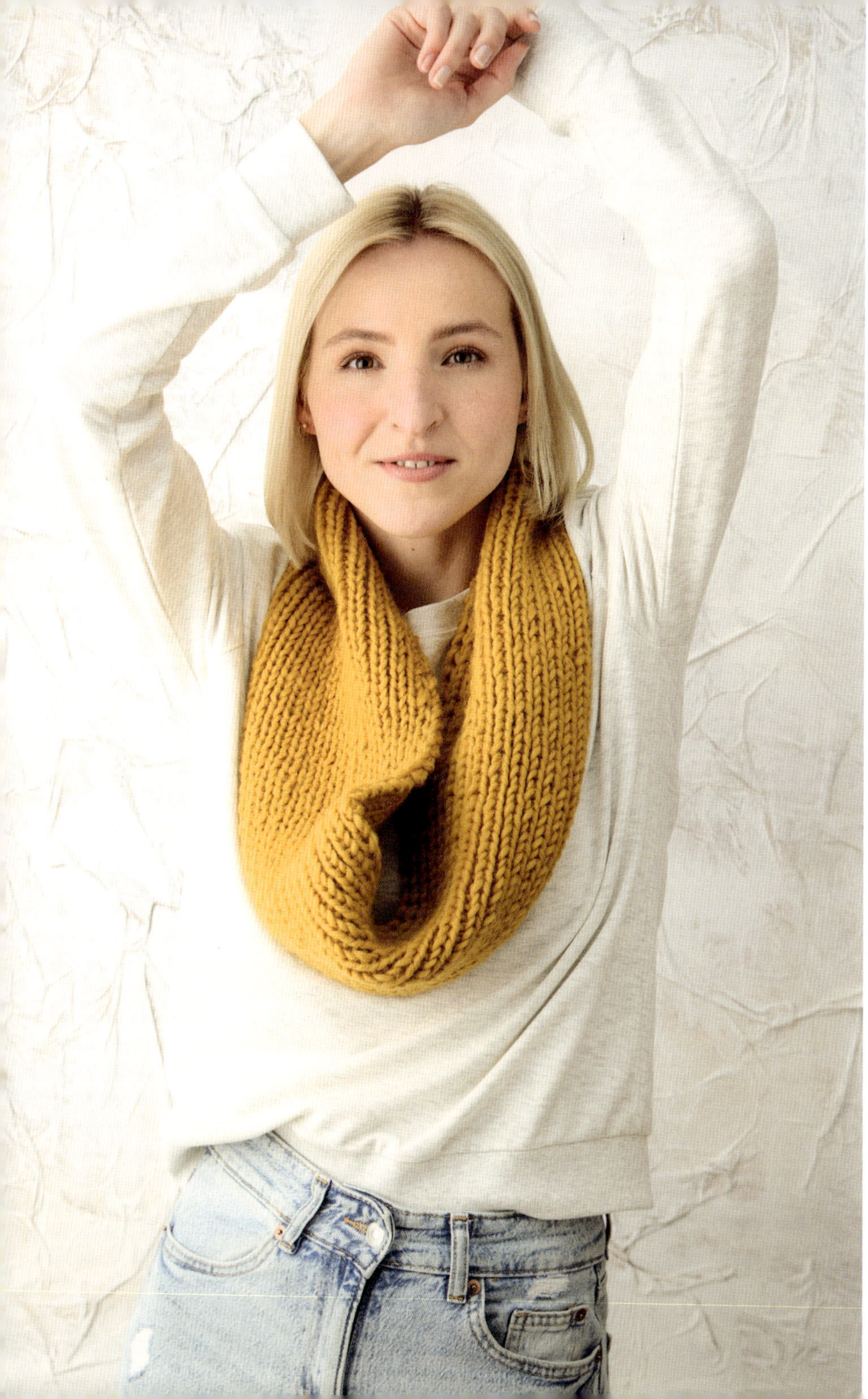

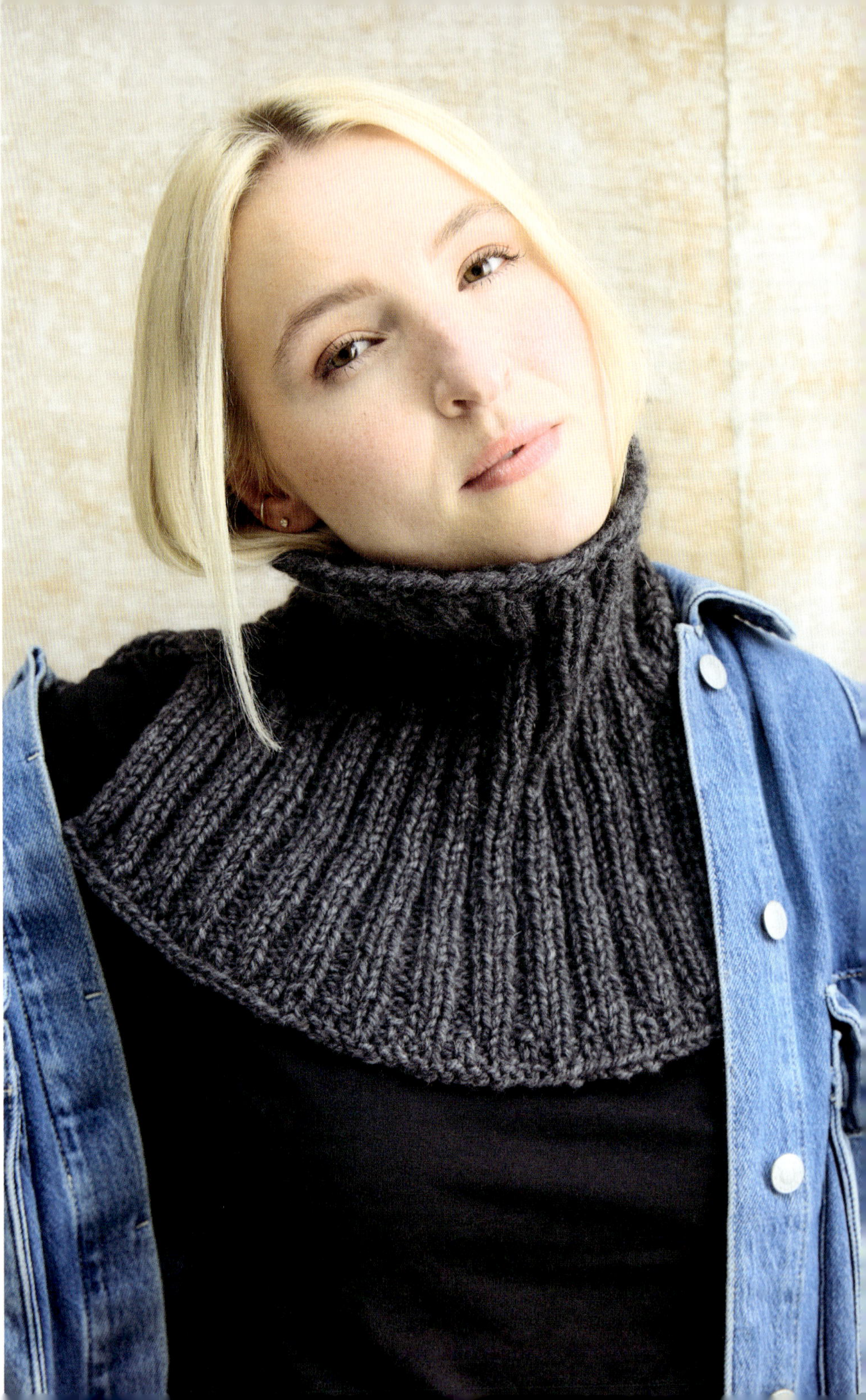

AKUREYRI

KRAGEN IM DOPPELTEN RIPPENMUSTER

Italienischer Maschenanschlag | in Runden stricken | rechte Maschen | linke Maschen | Maschen verschränkt stricken | Maschen zunehmen | Maschen stilllegen | Italienisch abketten

●●●

Größe
S/M/L
Kragenumfang: 42/44/46 cm
Gesamtlänge: 28,5/31/33,5 cm

Hinweis:
Die Angaben für die einzelnen Größen stehen hintereinander, jeweils durch Schrägstriche getrennt. Steht nur eine Angabe, gilt diese für alle Größen.

MATERIAL

- Rico Design Essentials Alpaca Twist Chunky (LL 65 m/50 g) in Anthrazit (Fb 007), 150/200/200 g
- Rundstricknadel 5,5 mm, mind. 40 cm lang
- Maschenmarkierer
- Wollnadel

MASCHENPROBE

Im 2/2-Rippenmuster mit Nd 5,5 mm 20 M und 24 R = 10 cm x 10 cm

Rippenmuster

In Reihen

In Hinr: Rdm, * 2 M rechts, 2 M links, ab * fortlaufend wdh bis 3 M vor R-Ende, 3 M rechts.

In Rückr: Rdm, * 2 M links, 2 M rechts, ab * fortlaufend wdh bis 3 M vor R-Ende, 2 M links, 1 M rechts.

In Runden

2 M rechts, 2 M links im Wechsel str.

Randmaschen

Die Rdm in Hin- und Rückr am R-Beginn wie zum Linksstr abheben, dabei den Faden vor der M weiterführen, und am R-Ende rechts str.

Anleitung

84/88/92 M mit dem italienischen M-Anschlag anschl. Die M nach der Anfangsschlinge muss eine rechte M sein, d. h., die Anfangsschlinge bildet später eine linke M. Zur Rd schließen und den Rd-Beginn mit einem MM kennzeichnen.

Wie folgt 4 Vorbereitungs-Rd arb:

1. Rd: * 1 M links verschränkt, 1 M wie zum Linksstr abheben, dabei den Faden hinter der M weiterführen, ab * bis Rd-Ende wdh.

2. Rd: * 1 M wie zum Linksstr abheben, dabei den Faden vor der M weiterführen, 1 M rechts, ab * bis Rd-Ende wdh.

3. Rd: * 1 M links, 1 M wie zum Linksstr abheben, dabei den Faden hinter der M weiterführen, ab * bis Rd-Ende wdh.

4. Rd: Wie die 2. Rd str.

Ab jetzt im Rippenmuster str, dabei direkt nach dem MM am Rd-Beginn und folgend alle 2 M die rechte und linke M folgendermaßen tauschen: * 1 linke M auslassen, aber auf der linken Nd belassen, die nachfolgende M rechts str, dann die vorherige M links str und beide M auf die rechte Nd heben, 1 M links, 1 M rechts, ab * wdh bis Rd-Ende.

Im Rippenmuster str, bis die Arbeit 11/13/14 cm ab Anschlag misst. Einen weiteren MM ausgehend vom Rd-Beginn nach 44/44/48 M setzen. Nun werden Zunahmen gearbeitet:

1. Rd: 1 M rechts, 1 rechte M linksgeneigt zunehmen (mit der linken Nd-Spitze von vorne nach hinten unter dem Querfaden einstechen, rechts verschränkt abstr), im Rippenmuster str bis 1 M vor dem MM, 1 rechte M rechtsgeneigt zunehmen (mit der linken Nd-Spitze von hinten nach vorne unter dem Querfaden einstechen, rechts abstr), 1 M rechts, MM abheben, 1 M rechts, 1 rechte M linksgeneigt zunehmen, im Rippenmuster str bis 1 M vor dem MM, 1 rechte M rechtsgeneigt zunehmen, 1 M rechts.

2. Rd: Wie die 1. Rd str.

3. Rd: 1 M rechts, 1 linke M rechtsgeneigt zunehmen, im Rippenmuster str bis 1 M vor dem MM, 1 linke M linksgeneigt zun, 1 M rechts, MM abheben, 1 M rechts, 1 linke M rechtsgeneigt zunehmen, im Rippenmuster str bis

1 M vor dem MM, 1 linke M linksgeneigt zunehmen, 1 M rechts.
4 Rd: Wie die 3. Rd str.
Die 1.-4. Rd 1x wdh, dann noch 1x die 1.+2. Rd arb. Es wurden insgesamt 40 M zugenommen (=124/128/132 M).

Teilung

Nun wird das Strickstück in Vorder- und Rückenteil unterteilt. Diese sind bereits jeweils durch die zwei gesetzten MM definiert:
Größe S: 64 M Vorderteil, 60 M Rückenteil
Größe M: Je 64 M Vorder- und Rückenteil
Größe L: 68 M Vorderteil, 64 M Rückenteil

Vorderteil

Nun für das Vorderteil zwischen den MM im Rippenmuster in R str. Die M für das Rückenteil werden stillgelegt. Wenn das Vorderteil 10/11/12 cm ab Teilung misst, werden 4 Vorbereitungs-R für das italienische Abnähen gearbeitet. Zuvor müssen die M vom 2/2-Rippenmuster in ein 1/1-Rippenmuster umgewandelt werden. Dazu die M in der Rückr in eine Abfolge rechte und linke M folgendermaßen aufteilen: Rdm, * 1 M links, 1 linke M auslassen, aber auf der linken Nd belassen, die nachfolgende M rechts str, dann die vorherige M links str und beide M auf rechte Nd heben, 1 M rechts, ab * wdh bis 3 M vor R-Ende, 1 M links, 1 rechte M linksgeneigt zunehmen, 1 M links, 1 Rdm. Dann folgen die 4 R Vorbereitungs-R für das italienische Abnähen. Anschließend die M abnähen.

Rückenteil

Die stillgelegten M des Rückenteils wieder in Arbeit nehmen und im Rippenmuster in R str, bis das Stück 10/11/12 cm ab Teilung misst. Nun die M wie für das Vorderteil angegeben in einer Rückr tauschen. Dann folgen die 4 R Vorbereitungs-R für das italienische Abnähen. Anschließend die M abnähen.

Fertigstellen

Alle Fäden vernähen. Das Strickstück waschen und spannen für eine optimale Passform.

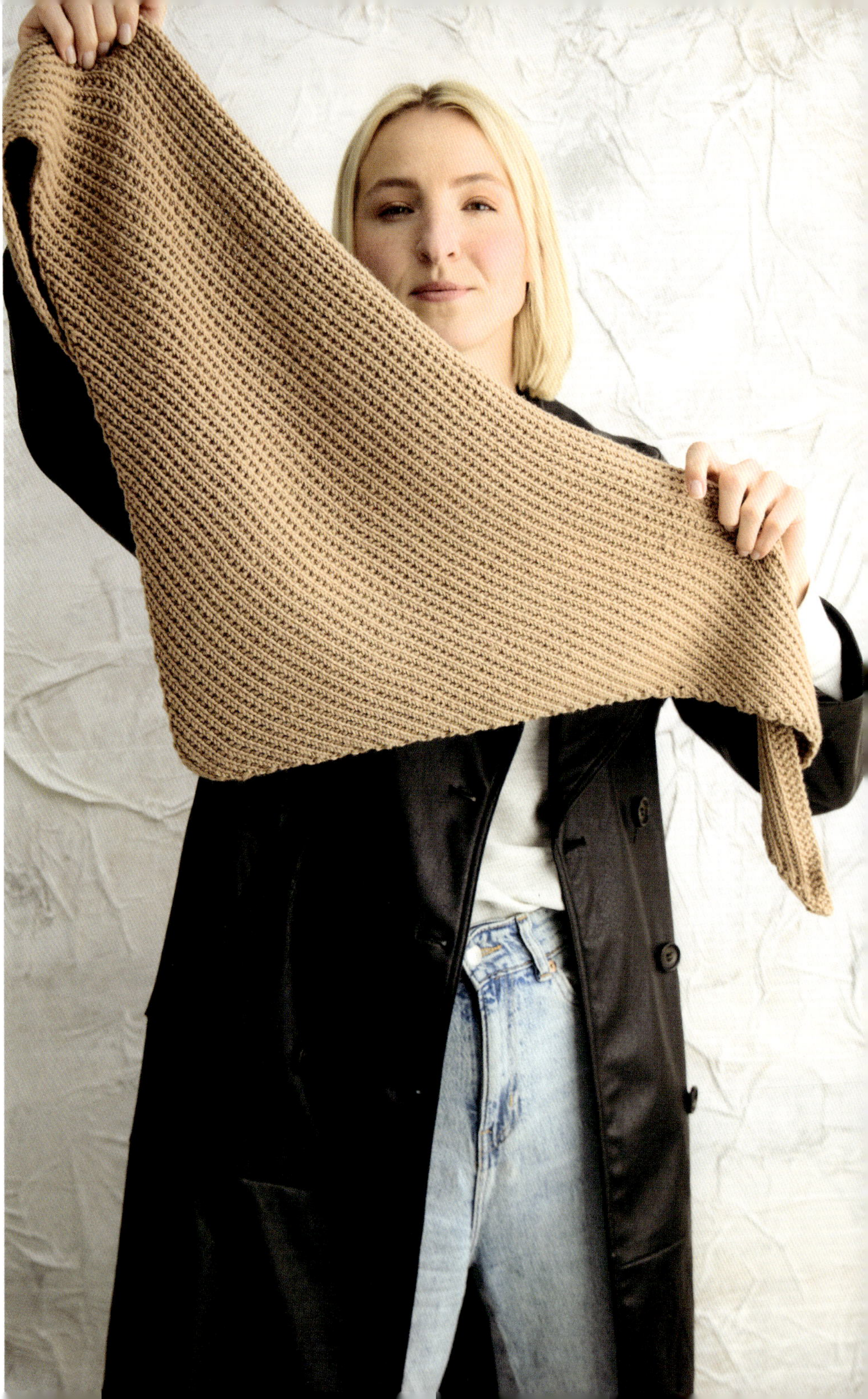

TURKU

BANDANA IM GEBROCHENEN RIPPENMUSTER

Maschen anschlagen | rechte Maschen | linke Maschen | Maschen zunehmen | Maschen abnehmen | Maschen abketten

GRÖSSE

146 cm lang, 37 cm hoch

MATERIAL

- Lang Yarns Merino+ (LL 90 m/50 g) in Camel (Fb 139), 200 g
- Rundstricknadel 5,0 mm
- Wollnadel

MASCHENPROBE

Im gebrochenen Rippenmuster mit Nd 5,0 mm
21 M und 23 R = 10 cm x 10 cm

Kraus rechts

In Hin- und Rückr rechte M str.

Gebrochenes Rippenmuster

Hinr: 1 M rechts, 1 M links im Wechsel str.
Rückr: Alle M links str.

Randmaschen

In der Hinr die letzten 3 M und in der Rückr die ersten 3 M rechts str. Nur in der ersten Hinr werden einmalig Rdm gestrickt.

Anleitung

3 M anschl und 2 R kraus rechts str.
Nächste R (Hinr): 1 M rechts str, 1 rechte M linksgeneigt zunehmen (mit der linken Nd-Spitze von vorne nach hinten unter dem Querfaden einstechen, rechts verschränkt abstr), 2 Rdm.
Nächste R (Rückr): Alle M rechts str.
Nun wie folgt str und dabei in den Hinr zunehmen:
1. R (Hinr): 1 M rechts str, 1 linke M linksgeneigt zunehmen, im gebrochenen Rippenmuster str bis 3 M vor R-Ende, 3 Rdm.
2. R (Rückr): 3 Rdm, alle M links str.
3. R (Hinr): 1 M rechts str, 1 rechte M linksgeneigt zunehmen, 1 M links, im gebrochenen Rippenmuster str bis 3 M vor R-Ende, 3 Rdm.
4. R (Rückr): 3 Rdm, alle M links str.
Die 1.-4. R fortlaufend wdh, bis 75 M auf der Nd liegen. Nun 4 R ohne Zunahmen im gebrochenen Rippenmuster arb.
Dann wie folgt str und dabei in den Hinr abnehmen:
1. R (Hinr): 1 M rechts str, 2 M rechts zusammenstr, 1 M links str, im gebrochenen Rippenmuster str bis 3 M vor R-Ende, 3 Rdm.
2. R (Rückr): 3 Rdm, alle M links str.
3. R (Hinr): 1 M rechts str, 2 M links verschränkt zusammenstr, im gebrochenen Rippenmuster str bis 3 M vor R-Ende, 3 Rdm.
4. R (Rückr): 3 Rdm, alle M links str.
Die 1.-4. R fortlaufend wdh, bis nur noch 5 M auf der Nd liegen.
Nun weiter wie folgt abnehmen:
Nächste R (Hinr): 2 M rechts zusammenstr, 3 M rechts str (= 4 M).
Nächste R (Rückr): Alle M rechts str.
Nächste R (Hinr): 2 M rechts zusammenstr, 2 M rechts str (= 3 M).
Alle M abk.

Fertigstellen

Das Bandana waschen und in Form ziehen, dadurch wird es noch etwas größer.

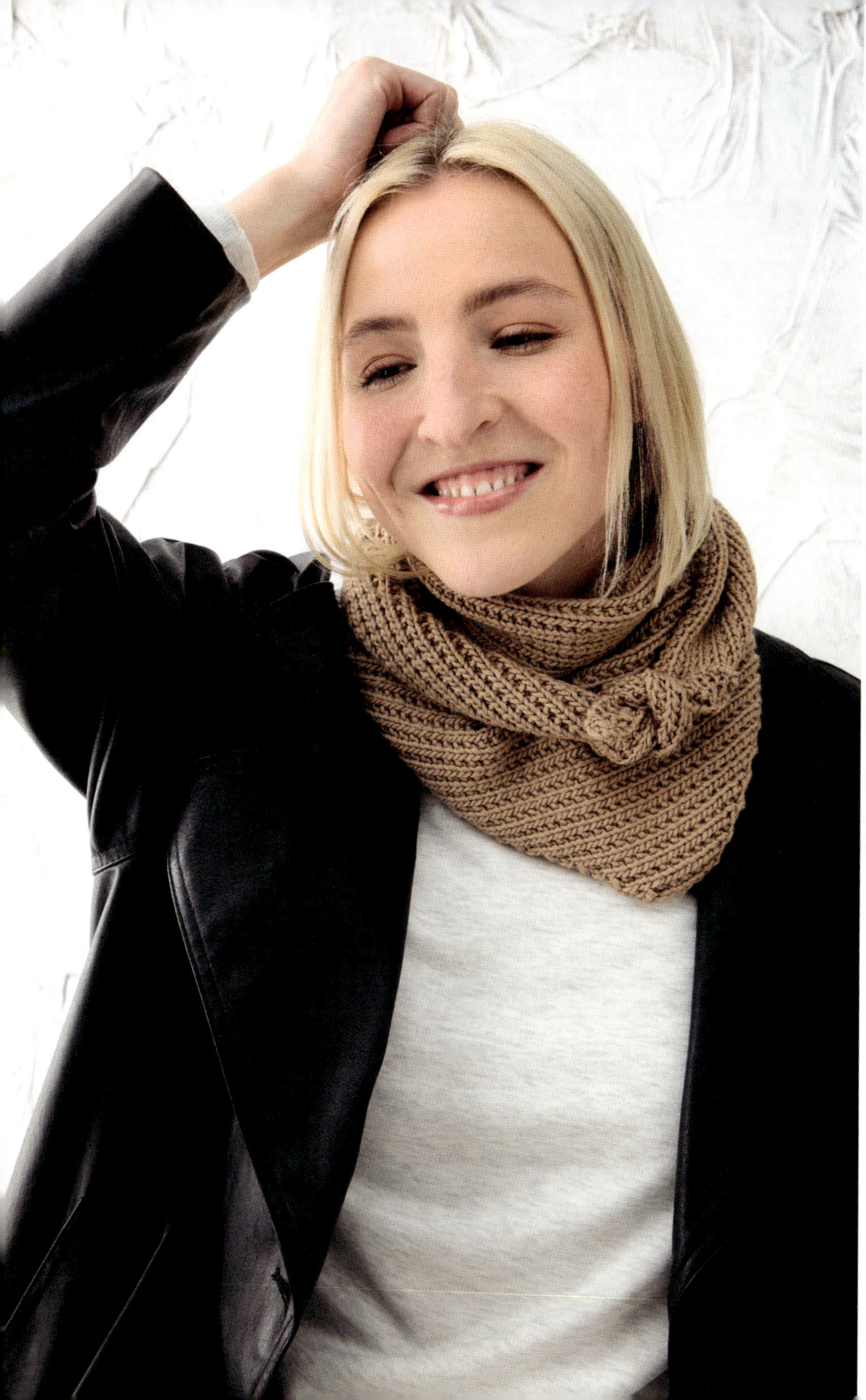

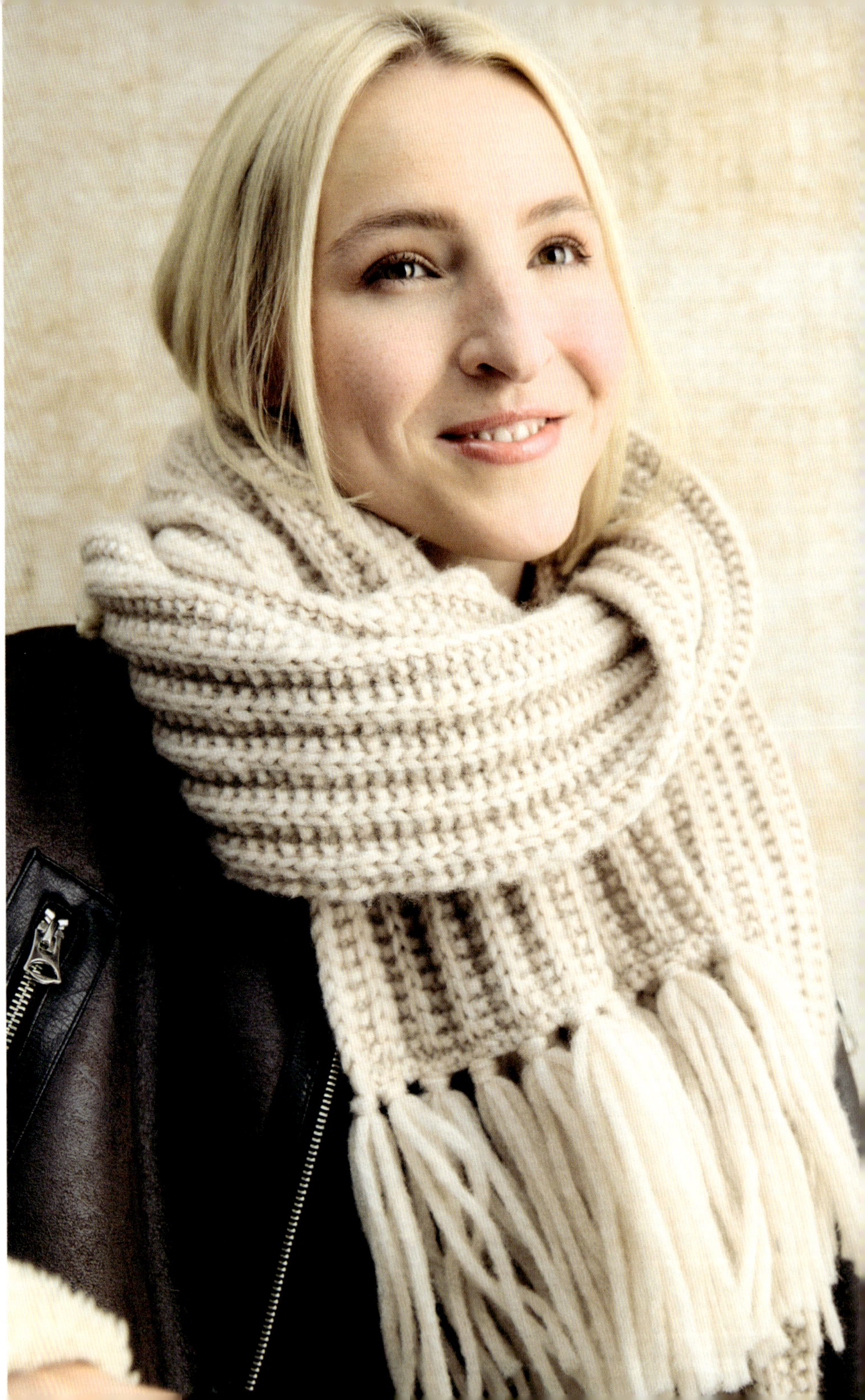

OULU

XL-SCHAL IM RIPPENMUSTER

Maschen anschlagen | rechte Maschen | linke Maschen | Maschen abketten | Fransen anfertigen

GRÖSSE
180 cm lang (ohne Fransen)
33 cm breit

MATERIAL

- Lana Grossa Spuma (LL 110 m/50g) in Hellbeige (Fb 2), 300 g
- Rundstricknadel 6,0-7,0 mm, 80-100 cm lang
- Häkelnadel 5,0-7,0 mm zum Einknüpfen der Fransen
- Wollnadel

MASCHENPROBE
Im Rippenmuster mit Nd 6,0-7,0 mm
17-18 M und 26 R = 10 cm x 10 cm

Kettrand

Die 1. M jeder R mit dem Faden vor der Nd wie zum Linksstr abheben, die letzte M rechts str.

Rippenmuster

M-Zahl teilbar durch 4 + 3 + 2 Rdm. Es sind alle M inkl. Rdm beschrieben, die Rdm als Kettrand str.
1. R (Hinr): Rdm, * 3 M rechts str, die nächste M wie zum Linksstr abheben, dabei den Arbeitsfaden locker vor der Arbeit weiterführen, ab * stets wdh, enden mit 3 M rechts, Rdm.
2. R (Rückr): Rdm, * 1 M rechts str, die nächste M wie zum Linksstr abheben, dabei den Arbeitsfaden locker vor der Arbeit weiterführen, 2 M rechts, ab * stets wdh bis zum R-Ende.
Die 1.+2. R stets wdh.

Anleitung

61 M anschl. Locker im Rippenmuster bis zu einer Gesamthöhe von 180 cm str. Alle M abk.

Fertigstellen

Alle Fäden vernähen. Für die Fransen 35 cm lange Fäden schneiden, je 4 Fäden bündeln, mittig zusammenlegen und an den Schmalseiten einknüpfen. Die Fransen auf eine einheitliche Länge kürzen.

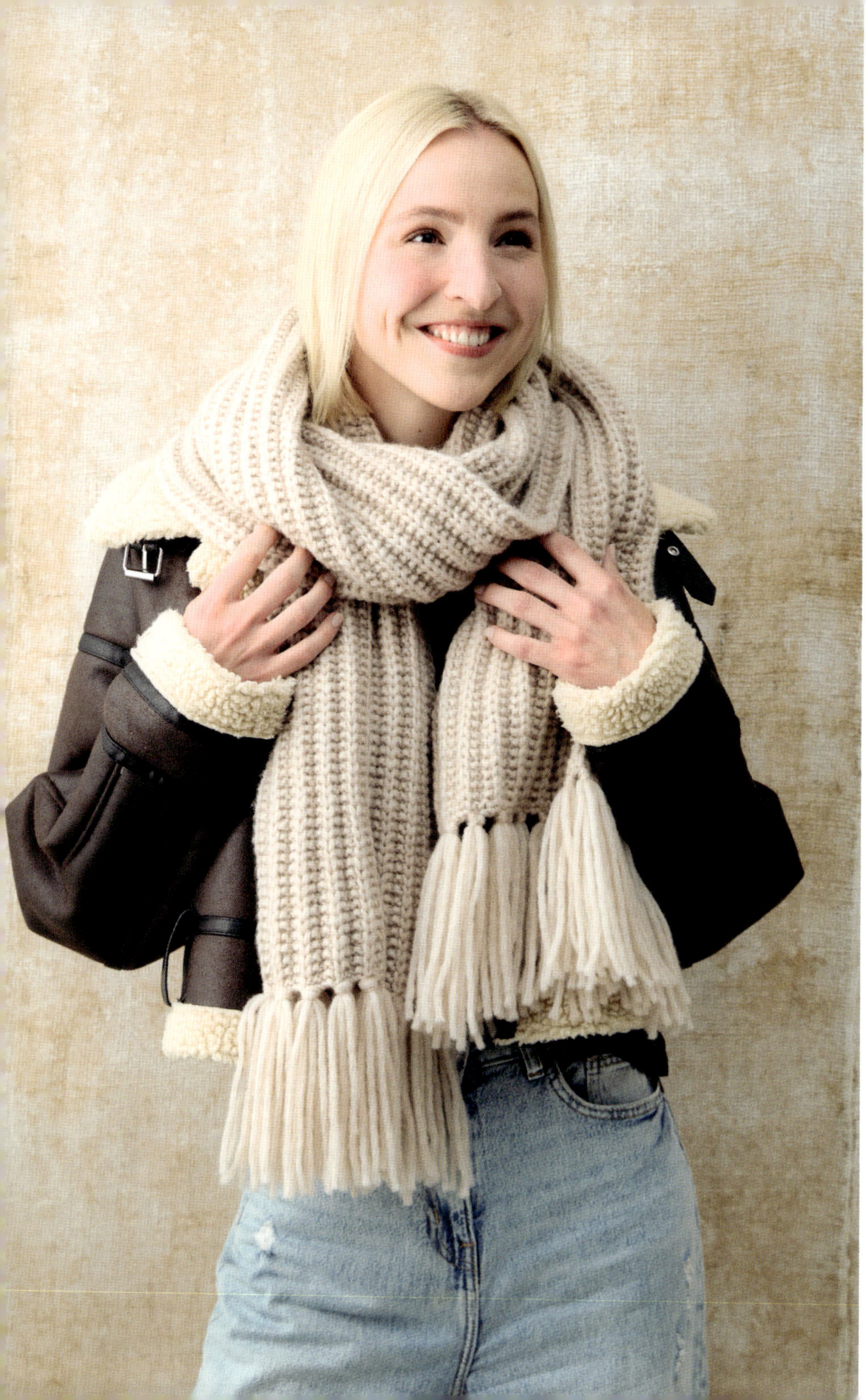

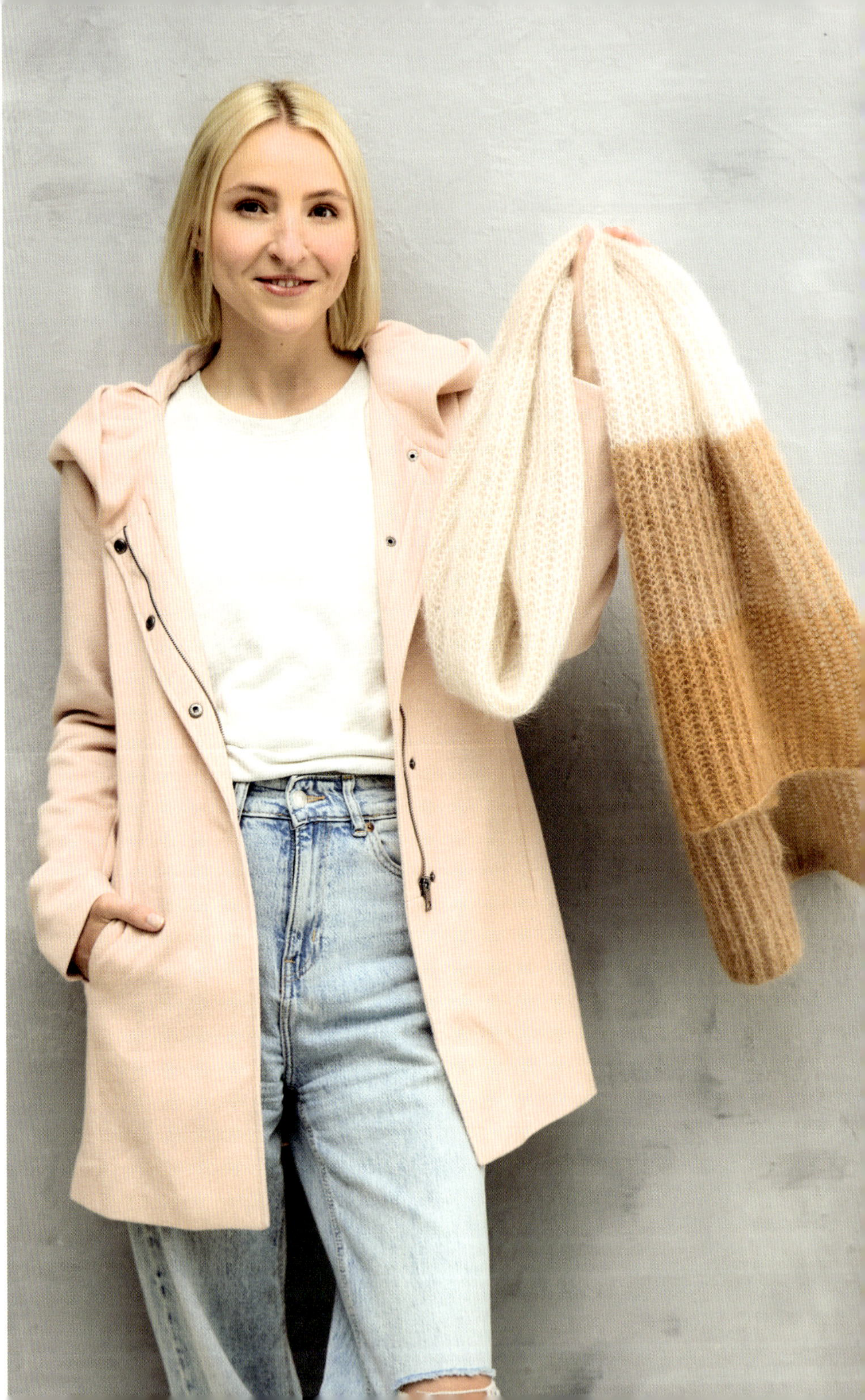

ROSKILDE

FLAUSCHIGER MOHAIR-PATENTSCHAL

Maschen anschlagen | Patentmuster stricken | Maschen abketten

GRÖSSE
ca. 40 cm x 200 cm

MATERIAL
- Lana Grossa Silk Hair (LL 210 m/ 25 g) in Hellbeige (Fb 018) und Perlbeige (Fb 123), je 75 g, Weiß (Fb 117) und Nougat (Fb 169), je 25 g
- Rundstricknadel 6,0 mm, 60 cm lang
- Wollnadel

MASCHENPROBE
Im Patentmuster mit Nd 6,0 mm und doppeltem Faden
15 M und 28 R = 10 cm x 10 cm

Patentmuster (ungerade Maschenzahl)

1. R (Hinr): * 1 M mit 1 U wie zum Linksstr abheben, 1 M rechts, ab * fortlaufend wdh, enden mit 1 M mit 1 U wie zum Linksstr abheben.

2. R: * 1 M mit dem U rechts zusammenstr, 1 M mit 1 U wie zum Linksstr abheben, ab * fortlaufend wdh, enden mit 1 M mit dem U rechts zusammenstr.

3. R: * 1 M mit 1 U wie zum Linksstr abheben, 1 M mit dem U rechts zusammenstr, ab * fortlaufend wdh, enden mit 1 M mit 1 U wie zum Linksstr abheben.

1x die 1.-3. R str, dann die 2.-3. R fortlaufend wdh.

Patentrandmaschen (über 3 M)

In Hinr die ersten und letzten 3 M str wie folgt: 1 M rechts, 1 M wie zum Linksstr abheben mit dem Faden vor der Arbeit, 1 M rechts.

In Rückr die ersten und letzten 3 M str wie folgt: 1 M wie zum Linksstr abheben mit dem Faden vor der Arbeit, 1 M rechts, 1 M wie zum Linksstr abheben mit dem Faden vor der Arbeit.

Anleitung

Hinweis: Der gesamte Schal wird mit doppeltem Faden gestrickt.

Mit doppeltem Faden (je 1 Faden in Nougat und Weiß) 59 M anschl und zwischen den 3 Patent-Rdm im Patentmuster in folgender Streifenfolge str:

20 cm je 1 Faden in Nougat und 1 Faden in Perlbeige.

12 cm je 1 Faden in Perlbeige und 1 Faden in Weiß.

110 cm je 1 Faden in Hellbeige und 1 Faden in Weiß.

18 cm 2 Fäden in Hellbeige.

8 cm je 1 Faden in Hellbeige und 1 Faden in Weiß.

15 cm je 1 Faden in Nougat und 1 Faden in Hellbeige.

17 cm 2 Fäden in Nougat.

In der nächsten R alle M abk.

Fertigstellen

Alle Fäden vernähen. Den Schal anfeuchten, auf die angegebene Größe spannen und trocknen lassen.

Tipp

Die Länge und Breite des Schals können bei Bedarf einfach variiert werden. Dafür mehr oder weniger Maschen anschlagen und die Streifen länger oder kürzer arbeiten. Eventuell ändert sich der Garnverbrauch.

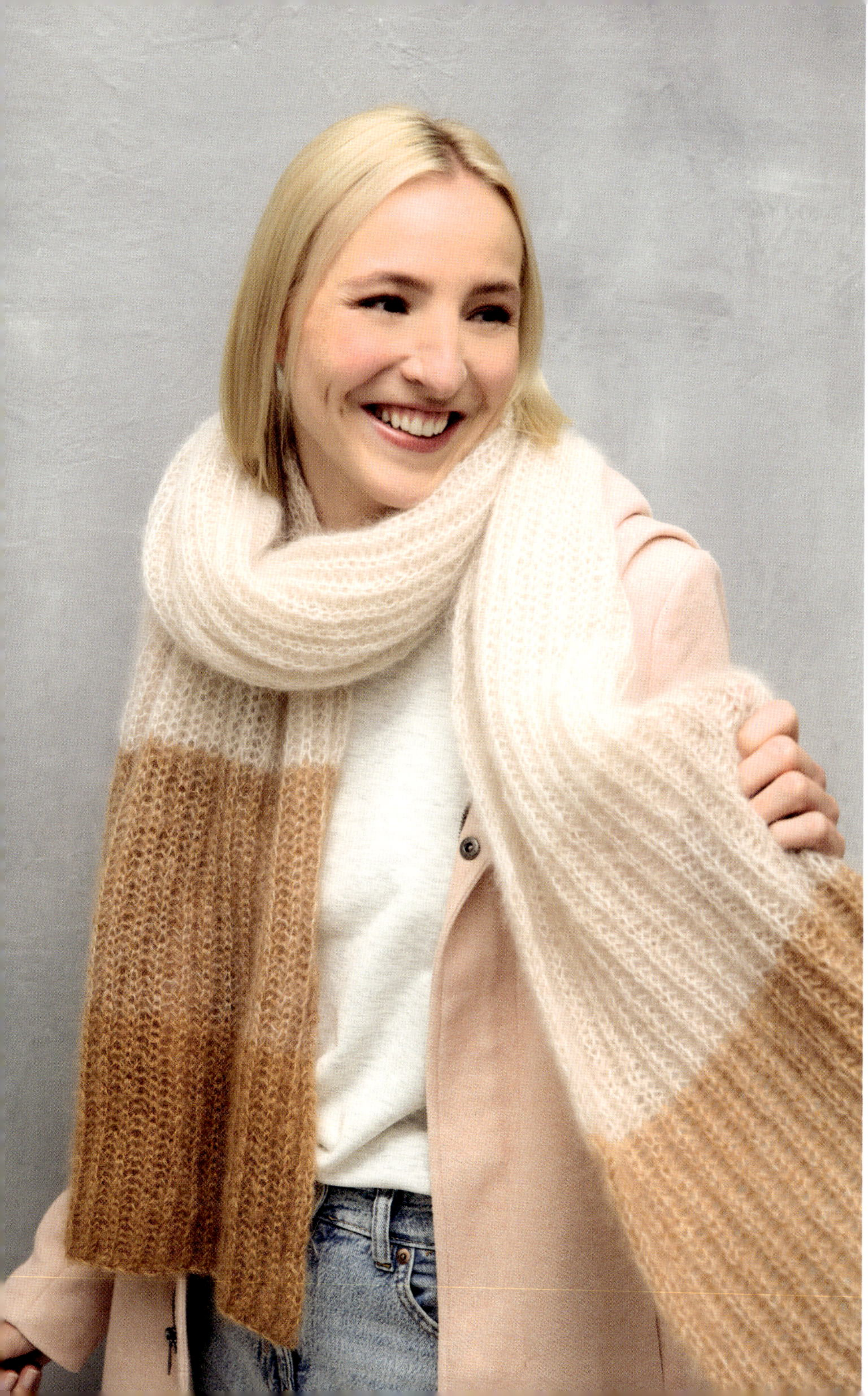

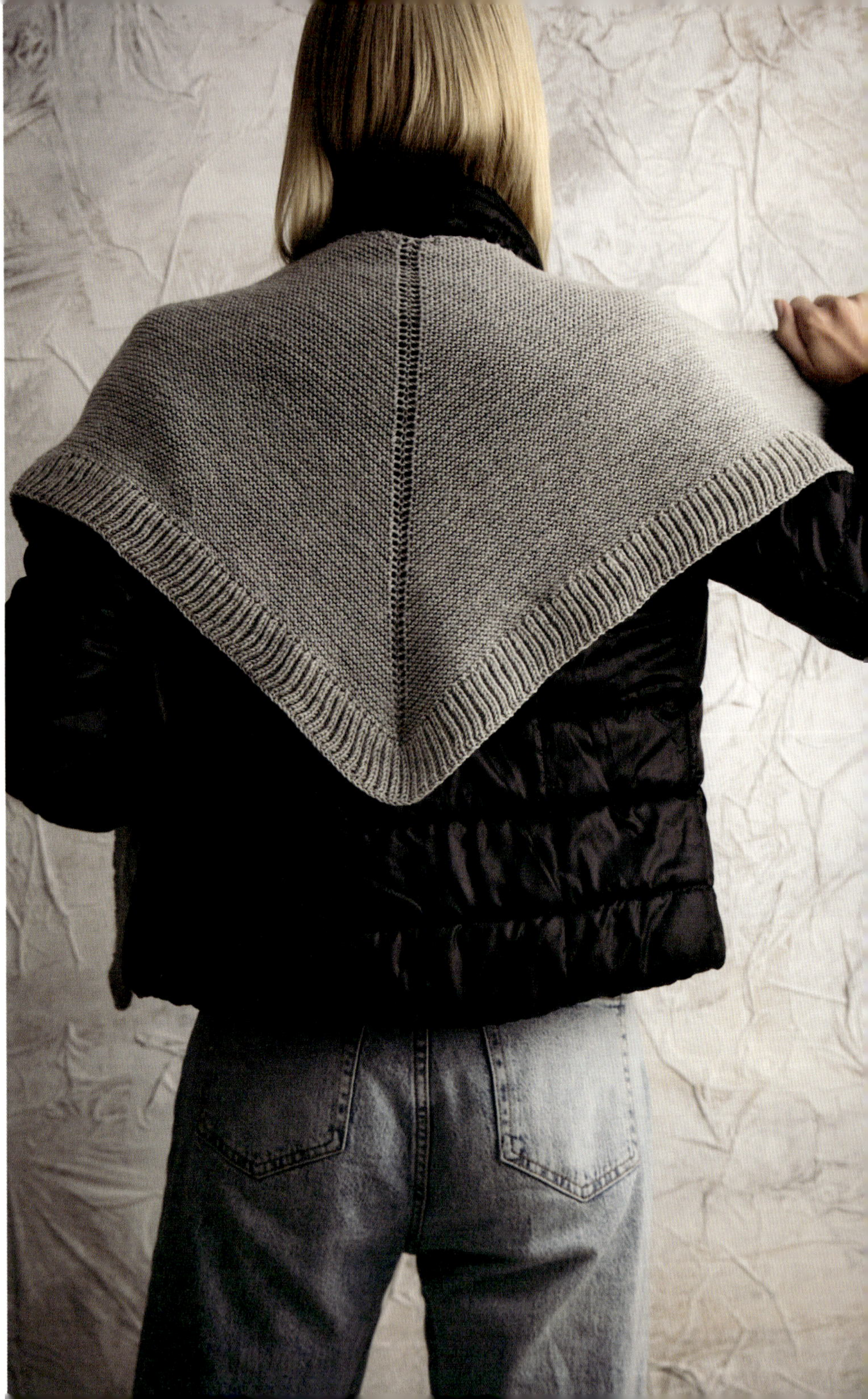

SELFOSS

ELEGANTES TUCH MIT PATENTRAND

Maschen anschlagen | Patentrand | Maschen abketten

MATERIAL

- Schachenmayr Merino Extrafine 170 (LL 170 m/50 g) in Hellgrau meliert (Fb 90), 150 g
- Rundstricknadel 3,5 mm, mindestens 100 cm lang
- Maschenmarkierer
- Wollnadel

GRÖSSE

135 cm x 40 cm

MASCHENPROBE

Kraus rechts mit Nd 3,5 mm
22 M und 44 R = 10 cm x 10 cm

Kraus rechts

In Hin- und Rückr rechte M str.

Patentrand

1. R: * 1 M rechts, 1 M links; ab * fortlaufend wdh bis R-Ende.
2. R: Alle M str, wie sie erscheinen, dabei für die rechten M jeweils 1 R tiefer einstechen.
Die 2. R fortlaufend wdh.

Anleitung

Das Tuch wird in der oberen Mitte begonnen.
9 M anschl.
1. R (Hinr): 1 M rechts, 1 U, 3 M rechts, 1 U, 1 M rechts (diese M als Mittel-M markieren), 1 U, 3 M rechts, 1 U, 1 M rechts.
2. R (Rückr): 1 M rechts, 1 U, rechte M str bis 1 M vor R-Ende, 1 U, 1 M rechts.
3. R: 1 M rechts, 1 U, rechte M str bis zur Mittel-M, 1 U, die Mittel-M rechts str, 1 U, rechte M str bis 1 M vor R-Ende, 1 U, 1 M rechts.
Die 2. und 3. R noch 69x wdh (= 141 R insgesamt) bis zu einer Höhe von 32 cm, von der unteren Spitze aus über der Mittel-M gemessen (= 433 M).
Im Muster für den Patentrand weiterstr. Nach 4,5 cm Patentrand alle M mustergemäß abk.

Fertigstellen

Alle Fadenenden vernähen. Das Tuch zum Dreieck spannen, anfeuchten und trocknen lassen. Erst danach die Fadenenden abschneiden.

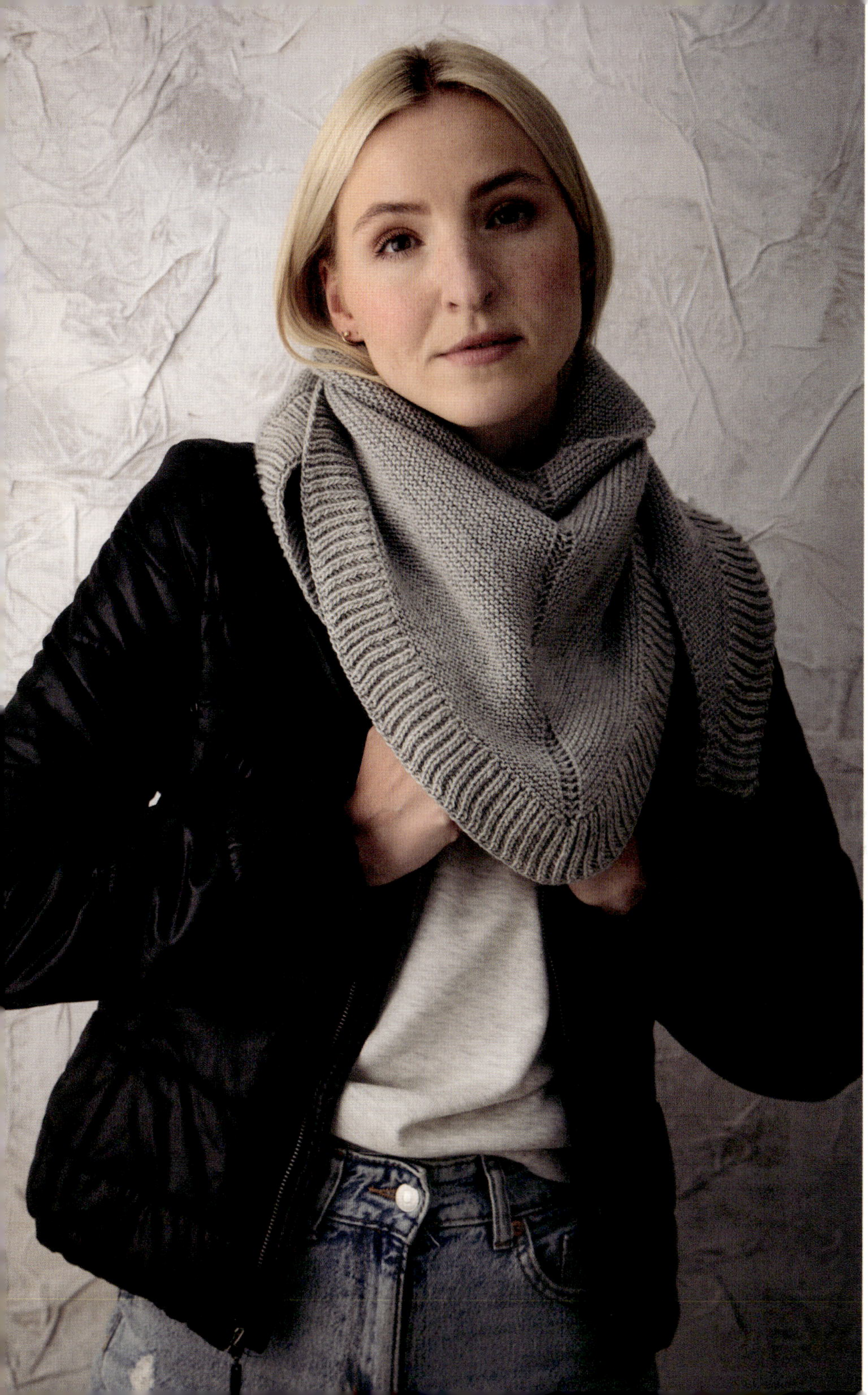

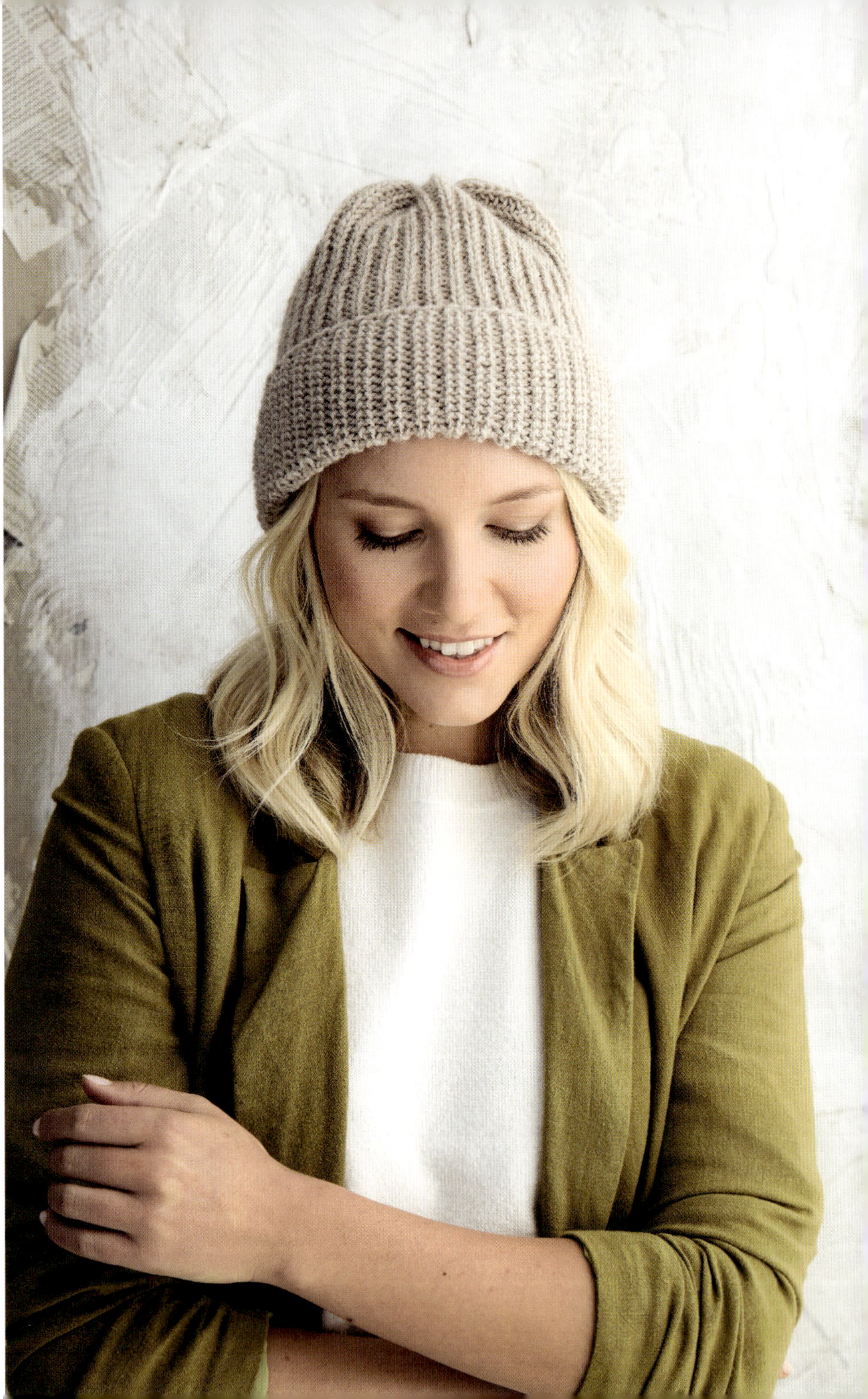

MALMÖ

LÄSSIGE MÜTZE IM HALBPATENT

Maschen anschlagen | zur Runde schließen | Halbpatent stricken

GRÖSSEN
S/M/L/XL
(Kopfumfang 54-55/56-57/58-59/60-61 cm)

Hinweis:
Die Angaben für die verschiedenen Größen sind durch Schrägstriche getrennt. Steht nur eine Angabe, so gilt diese für alle Größen.

MATERIAL

- Austermann Biola (LL 160 m/50 g) in Sandmeliert (Fb 0005), 150 g
- Rundstricknadel 4,5 mm, mind. 40 cm lang
- Wollnadel
- Maschenmarkierer

MASCHENPROBE
Im Halbpatent mit Nd 4,5 mm
18 M und 26 Rd = 10 cm x 10 cm

Halbpatent in Runden

1. Rd: * 1 M mit dem Faden vor der Nadel wie zum Linksstr abh, 1 M rechts *, * bis zum Ende der Rd wdh.

2. Rd: * 1 M zusammen mit dem Umschlag links str, 1 M rechts *, * bis zum Ende der Rd wdh.

Anleitung

86/88/90/92 M anschl und zur Rd schließen. Am Rd-Beginn einen MM einhängen.

1. Rd: Alle M rechts str.

Im Halbpatent in Rd weiterarb, bis eine Höhe von 27/28/29/30 cm erreicht ist.

Nächste Rd: Fortlaufend je 2 M rechts zusammenstr.

Diese Rd noch 1x wdh.

Den Faden ca. 30 cm lang abschneiden und mit der Wollnd durch die verbliebenen M ziehen. Mit einigen Stichen fixieren und vernähen.

Fertigstellen

Alle Fadenenden vernähen. Die Mütze waschen und spannen.

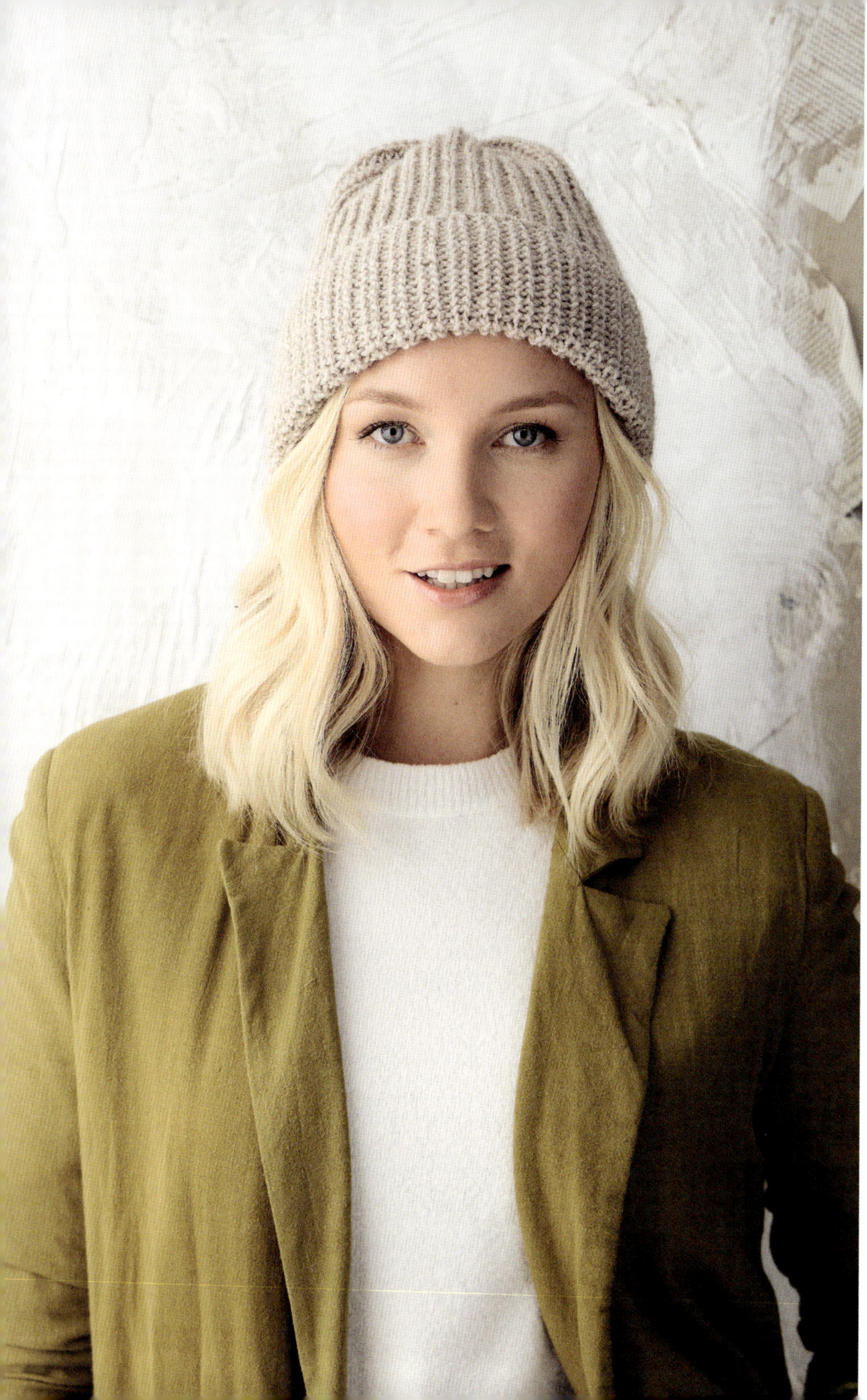

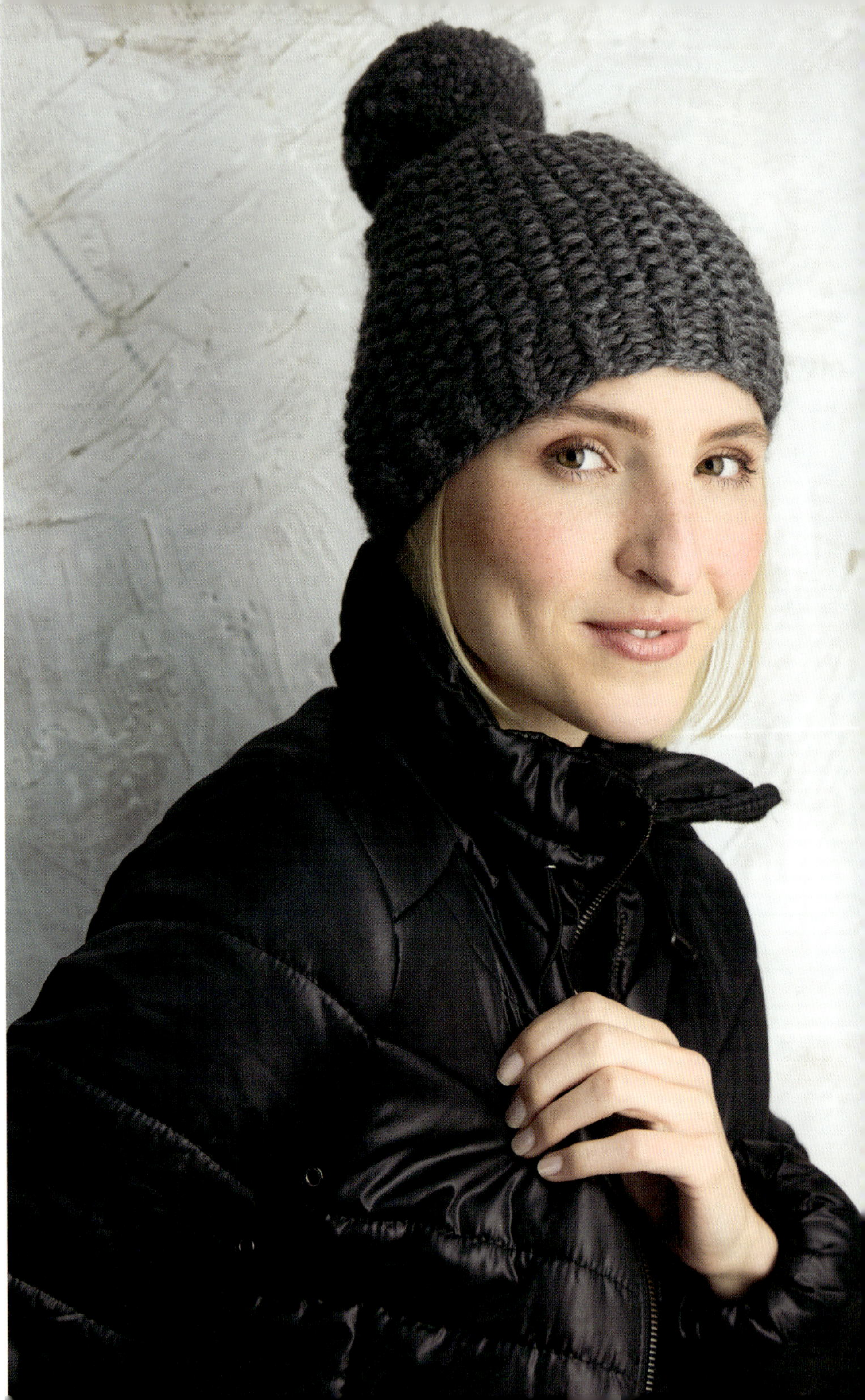

SKAGEN

UNISEX-PERLMUSTER-MÜTZE

Nadelspiel | Maschen anschlagen | zur Runde schließen | rechte Maschen | linke Maschen | Abnahmen | Pompon anfertigen

GRÖSSEN

Damenmütze
Kopfumfang 54-58 cm
Herrenmütze
Kopfumfang 58-60 cm

Hinweis:
Die Angaben für die Damenmütze stehen vor, für die Herrenmütze nach dem Schrägstrich. Steht nur eine Angabe, gilt diese für beide Größen.

MATERIAL

- Lang Yarns BOLD (LL 90 m/100 g) in Braun (Fb 68), 100 g
- Nadelspiel 10,0 mm
- Wollnadel

MASCHENPROBE

Mit Nd 10,0 mm im Perlmuster
10 M und 18 Rd = 10 cm x 10 cm

Bündchenmuster

In Rd 1 M rechts verschränkt, 1 M links im Wechsel str.

Kleines Perlmuster in Runden

1. Rd: 1 M links und 1 M rechts im Wechsel str.
2. Rd: 1 M rechts und 1 M links im Wechsel str.
Die 1. und 2. Rd fortlaufend wdh.

Großes Perlmuster in Runden

1.+2. Rd: 1 M links und 1 M rechts im Wechsel str.
3.+4. Rd: 1 M rechts und 1 M links im Wechsel str.
Die 1.-4. Rd fortlaufend wdh.

Glatt rechts

In Rd alle M rechts str.

Anleitung

40/44 M mit dem Nadelspiel anschl. Die M gleichmäßig auf 4 Nd verteilen (= 10/11 M pro Nd) und zur Rd schließen. Dann 4 cm im Bündchenmuster str. Danach im kleinen/großen Perlmuster weiterarb. In 20/22 cm Höhe ab Anschlag über die folgenden 3 Rd die Abnahmen für die Mützenform str. Dafür in Rd glatt rechts wie folgt weiterarb:
1. Rd: Jede 3. und 4. M rechts zusammenstr. Am Rd-Ende sind 30/33 M auf den Nd.
2. Rd: Jede 2. und 3. M rechts zusammenstr. Am Rd-Ende sind 20/22 M auf den Nd.
3. Rd: Je 2 M rechts zusammenstr. Am Rd-Ende sind 10/11 M auf den Nd.

Fertigstellen

Die restlichen 10/11 M mit dem Endfaden zusammenziehen. Fäden sorgfältig vernähen.
Einen Pompon in gewünschter Größe aus den Wollresten anfertigen und auf die Mützenmitte nähen.

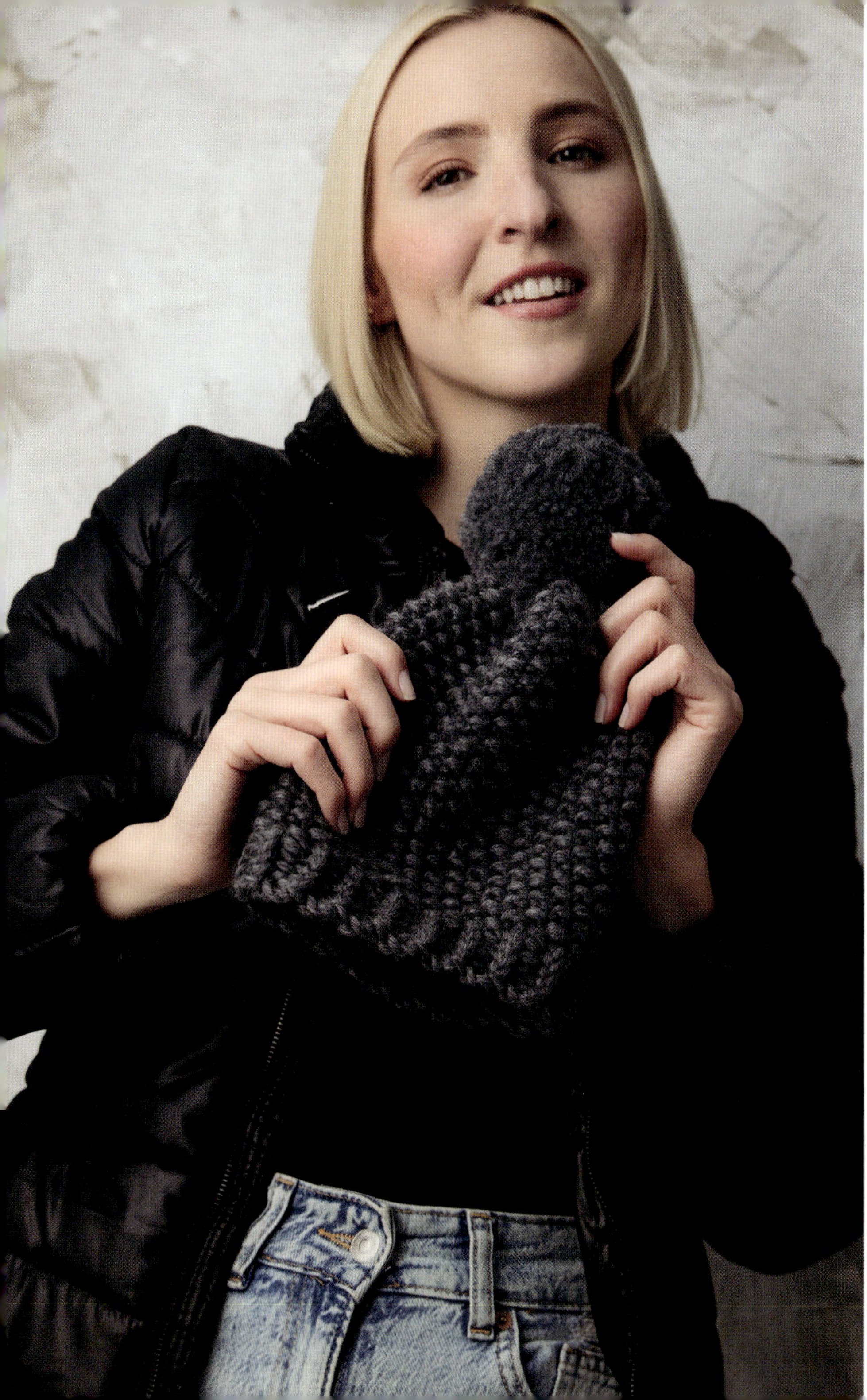

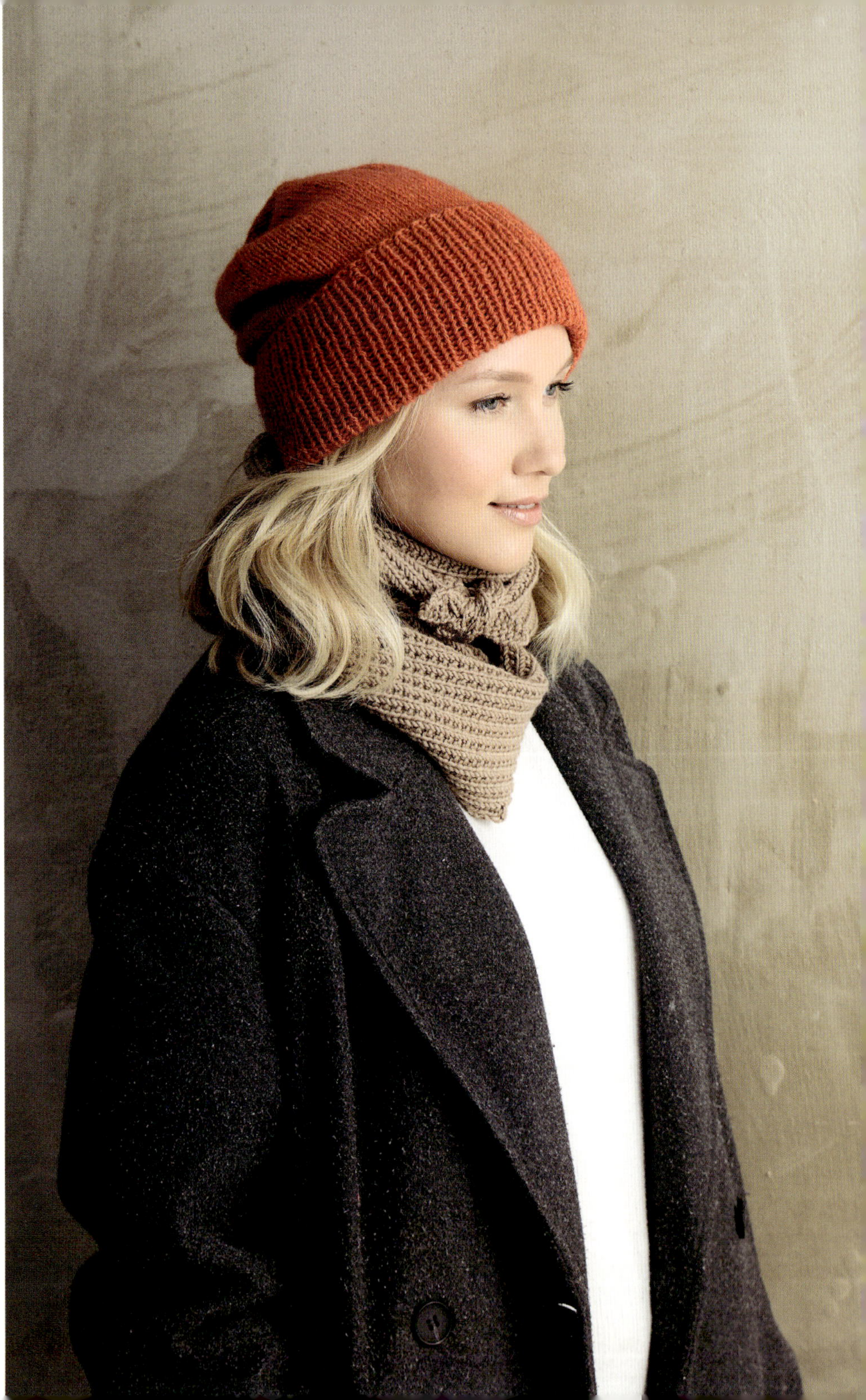

VISBY

BASIC MÜTZE IN GLATT RECHTS MIT AUFFÄLLIGEN ABNAHMEN

Maschen anschlagen | zur Runde schließen | rechte Maschen | Abnahmen

GRÖSSE

Höhe 25 cm/28 cm
Kopfumfang 51-54/55-58 cm

Hinweis:
Die Angaben für Größe 51-54 cm stehen vor dem Schrägstrich, für Größe 55-58 cm danach. Steht nur eine Angabe, gilt diese für beide Größen.

MATERIAL

- Lana Grossa Ecopuno (LL 215 m/50 g) in Terrakotta (Fb 73), 100 g
- Rundstricknadel 4,5 mm, 40 cm lang
- ggf. Nadelspiel, 4,5 mm
- 4 Maschenmarkierer
- Wollnadel

MASCHENPROBE

Glatt rechts mit Nd 4,5 mm
20 M und 26 R = 10 cm x 10 cm

Bündchenmuster

In Rd 1 M rechts, 1 M links im Wechsel str.

Glatt rechts

In Rd alle M rechts str.

Anleitung

84/100 M auf der Rundstricknd anschl, zur Rd schließen und den Rd-Beginn mit dem 1. MM kennzeichnen.
40 Rd im Bündchenmuster arb.
10/13 cm glatt rechts arb.
In der nächsten Rd die M-Markierer setzen: * 21/25 M rechts str, MM setzen, ab * noch 2x wdh, 21/25 M rechts str.

Nun die Abnahmen für die Mützenspitze arb, ggf. zum Nd-Spiel wechseln:
1. Rd: * Bis 3 M vor dem MM rechts str, 3 M mit aufliegender Mittel-M zusammenstr, ab * noch 3x wdh (= 76/92 M). Die MM entfernen.
2.+3. Rd: Alle M rechts str.
4. Rd: * Rechts str bis zu den 3 M, die genau über der aufliegenden Mittel-M der letzten Abnahme-Rd liegen, 3 M mit aufliegender Mittel-M zusammenstr, ab * noch 3x wdh (= 68/84 M).
Die 2.-4 Rd noch 8x/10x wdh (= 4 M).
Den Faden lang abschneiden, mit der Wollnd durch die verbleibenden M fädeln, festziehen und auf die Innenseite der Mütze ziehen.

Fertigstellen

Alle Fäden vernähen. Mütze anfeuchten, in Form bringen und trocknen lassen.

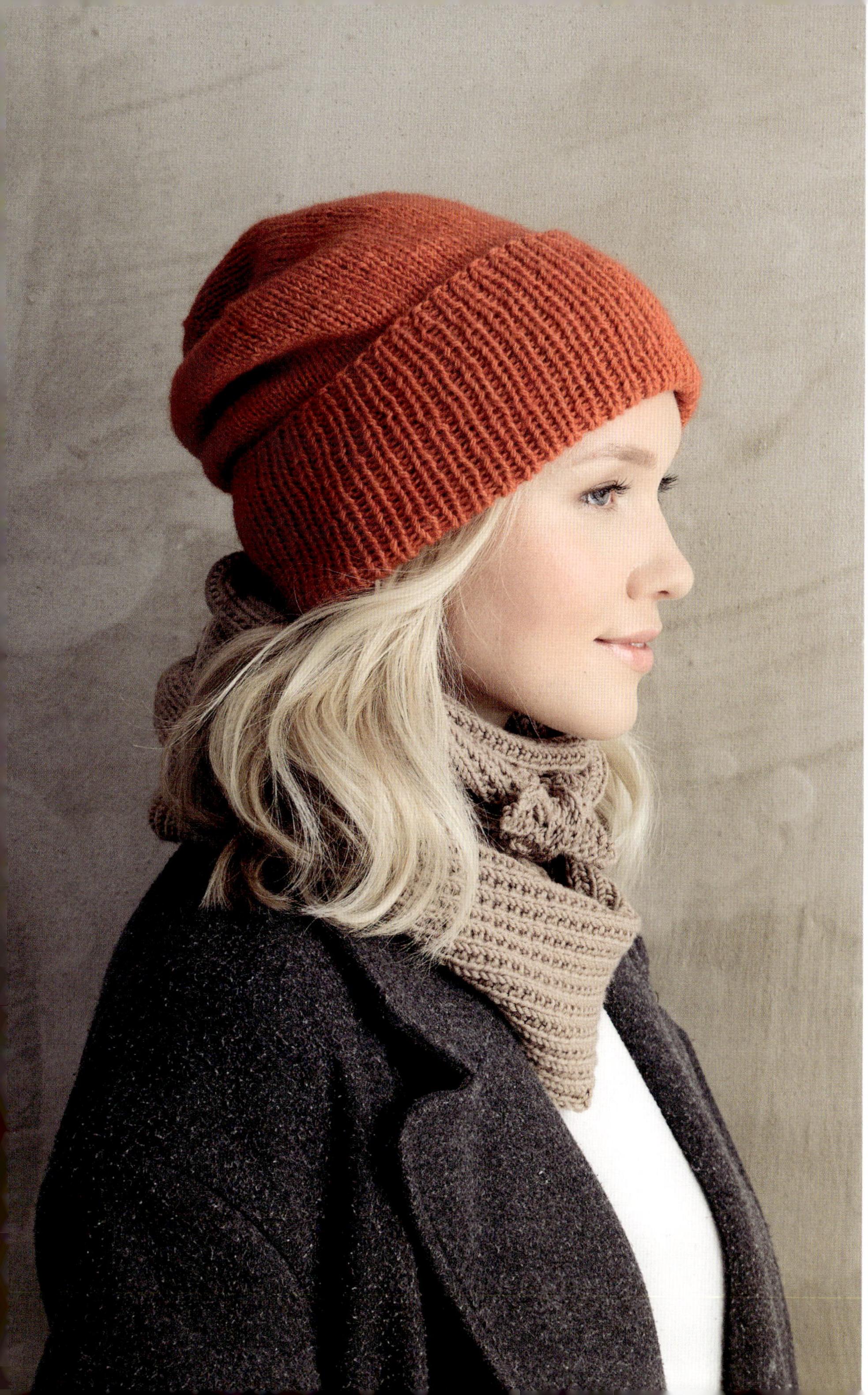

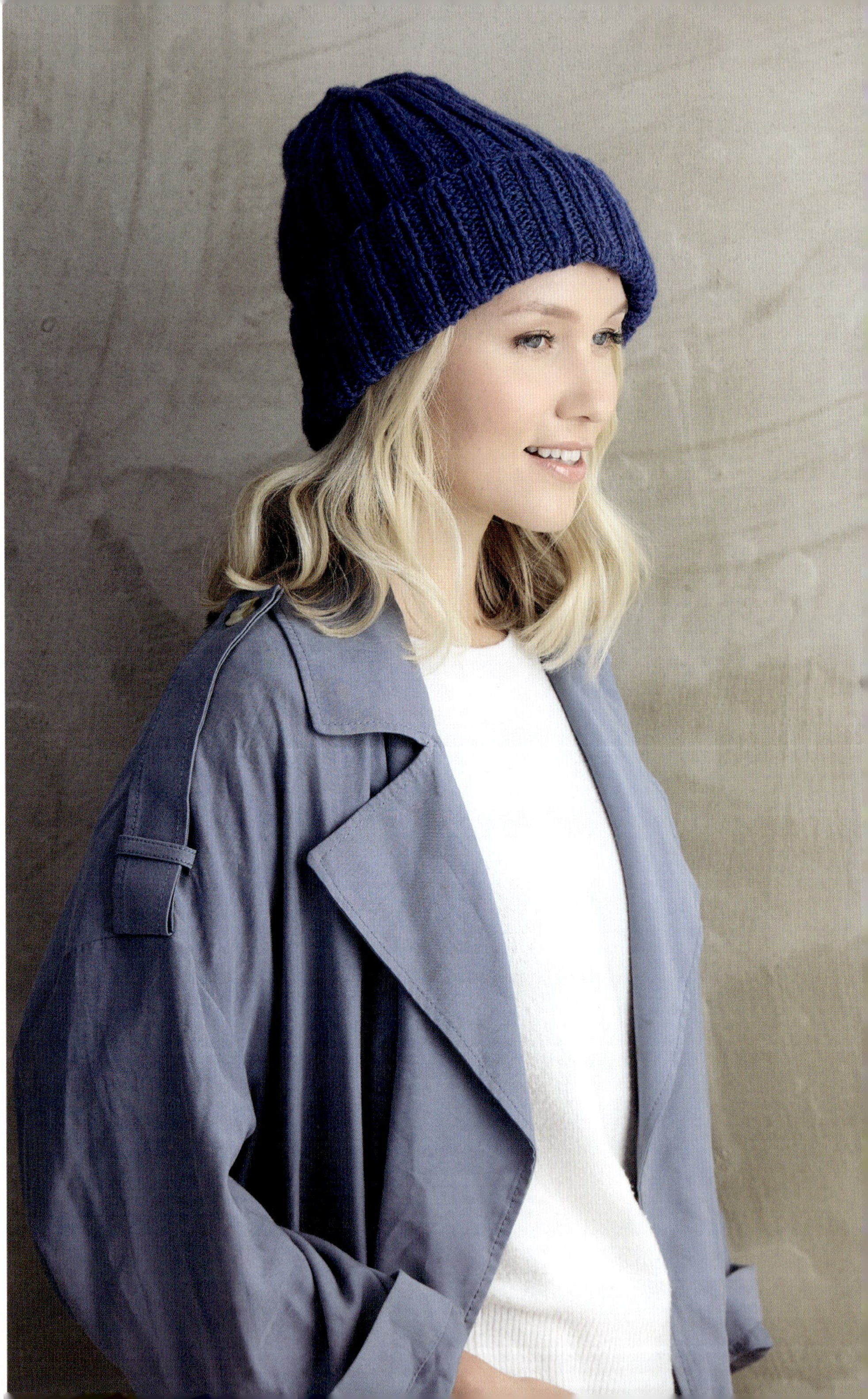

LUND

MÜTZE MIT BREITEN RIPPEN UND UMSCHLAG

Maschen anschlagen | zur Runde schließen | rechte Maschen | linke Maschen | Abnahmen

GRÖSSE

Höhe 34/38 cm (ohne Umschlag)
Kopfumfang 51-54/55-58 cm

Hinweis:
Die Angaben für Größe 51-54 cm stehen vor dem Schrägstrich, für Größe 55-58 cm danach. Steht nur eine Angabe, gilt diese für beide Größen.

MATERIAL

- Lana Grossa Alta Moda Cashmere 16 (LL 110 m/50 g) in Marine (Fb 56), 100 g
- Rundstricknadel 7,0 mm, 40 cm lang
- ggf. Nadelspiel 7,0 mm
- Hilfsnadel
- 5 Maschenmarkierer
- Wollnadel

MASCHENPROBE

Im Rippenmuster mit Nd 7,0 mm
21 M und 26 R = 10 cm x 10 cm

Rippenmuster

In Rd * 1 M links, 2 M rechts, 1 M links, ab * fortlaufend wdh.

Anleitung

88/96 M auf der Rundstricknd anschl, zur Rd schließen und den Rd-Beginn mit dem 1. MM kennzeichnen.
Im Rippenmuster 27/31 cm arb.
Weiter im Rippenmuster str und wie folgt 4 weitere MM setzen:
Nach 18 M, nach 8/12 M, nach 36 M, nach 8/12 M.
Nun die Abnahmen für die Mützenspitze arb, ggf. zum Nd-Spiel wechseln.
1. Rd: * Bis 1 M vor MM mustergemäß str, 2 M rechts zusammenstr, bis zum MM mustergemäß str, 2 M rechts überzogen zusammenstr, ab * noch 1x wdh, mustergemäß bis Rd-Ende (= 84/92 M).
Die 1. Rd fortlaufend wdh, bis alle seitlichen M abgenommen sind. Übrig bleiben vorne und hinten je 10/14 M.
Nun die MM entfernen.
Zum Abketten die Arb wenden, so dass die Innenseite außen liegt.
Die 10/14 vorderen sowie die 10/14 hinteren M auf je eine Nd-Spitze nehmen, parallel halten und mit einer 3. Nd * wie zum Rechtsstr jeweils in die 1. M beider Nd einstechen und beide M zusammenstr. Den Vorgang für die 2. M wdh. Nun die 1. M auf der rechten Nd über die 2. M ziehen. Ab * fortlaufend wdh, bis alle M abgekettet sind.
Den Faden lang abschneiden, mit der Wollnd durch die letzte M fädeln, festziehen und auf die Innenseite der Mütze ziehen.

Fertigstellen

Alle Fäden vernähen. Mütze anfeuchten, in Form bringen und trocknen lassen.

TIPP

Modern oder klassisch? Die Mütze kann einfach umgeschlagen oder zweifach umgeschlagen als klassische Fischermütze getragen werden.

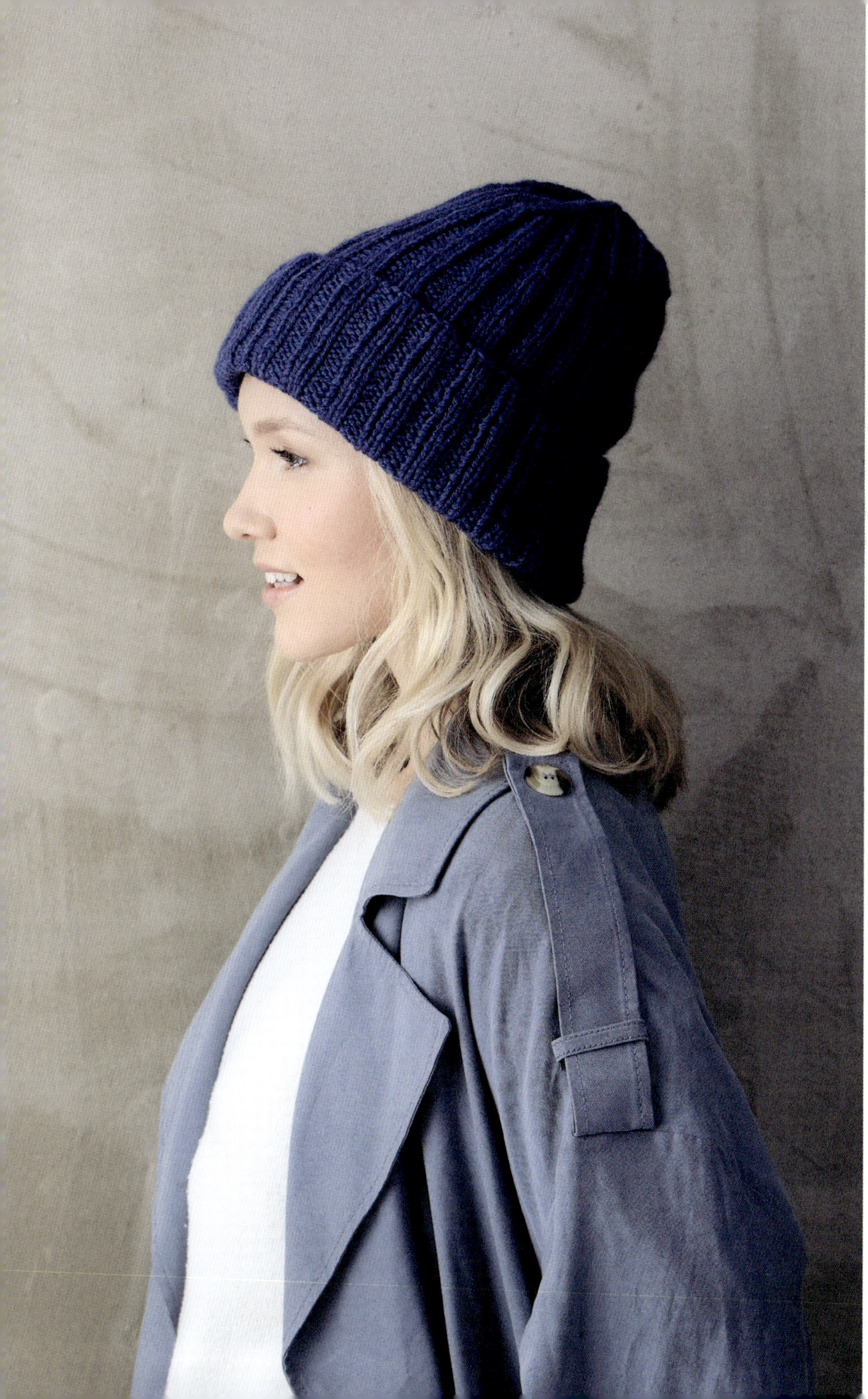

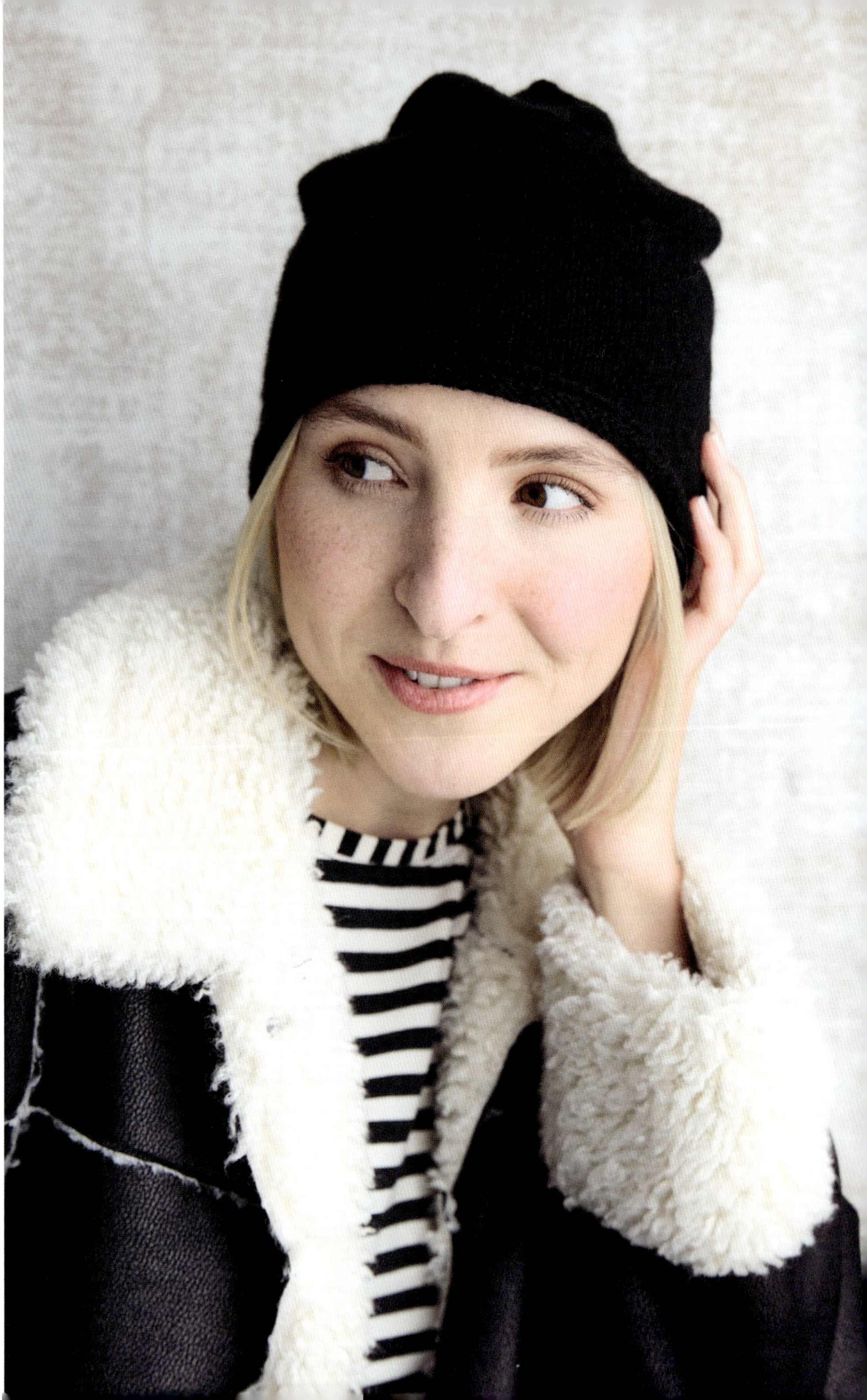

ÖREBRO

MÜTZE IN GLATTRECHTS MIT ROLLRAND

Nadelspiel | Maschen anschlagen | zur Runde schließen | rechte Maschen | linke Maschen | Abnahmen

GRÖSSE

Höhe 30/30,5 cm
Kopfumfang
51-54/55-58 cm

Hinweis:
Die Angaben für Größe 51-54 cm stehen vor dem Schrägstrich, für Größe 55-58 cm danach. Steht nur eine Angabe, gilt diese für beide Größen.

MATERIAL

- Kremke Soul Wool Eco Cashmere Fingering (LL 112 m/25 g) in Schwarz (Fb 06), 50 g
- Nadelspiel 3,0 mm
- Maschenmarkierer
- Wollnadel

MASCHENPROBE

Glatt rechts mit Nd 3,0 mm
28 M und 40 R = 10 cm x 10 cm

Glatt rechts
In Rd alle M rechts str.

Anleitung

100/116 M auf dem Nd-Spiel anschl (25/29 M pro Nd), zur Rd schließen und den Rd-Beginn mit dem MM kennzeichnen.
Als Rand 2 Rd linke M str. Weiter glatt rechts bis zu einer Gesamthöhe von 26 cm ab Anschlag str.
Nun die Abnahmen wie folgt str:
1. Rd: * 11/13 M rechts, 3 M mit aufliegender Mittel-M zusammenstr, 11/13 M rechts, ab * noch 3x wdh (= 92/108 M).
2. Rd: * 10/12 M rechts, 3 M mit aufliegender Mittel-M zusammenstr, 10/12 M rechts, ab * noch 3x wdh (= 84/100 M).
3. Rd: * 9/11 M rechts, 3 M mit aufliegender Mittel-M zusammenstr, 9/11 M rechts, ab * noch 3x wdh (= 76/92 M).
4. Rd: * 8/10 M rechts, 3 M mit aufliegender Mittel-M zusammenstr, 8/10 M rechts, ab * noch 3x wdh (= 68/84 M).
5. Rd: * 7/9 M rechts, 3 M mit aufliegender Mittel-M zusammenstr, 7/9 M rechts, ab * noch 3x wdh (= 60/76 M).
6. Rd: * 6/8 M rechts, 3 M mit aufliegender Mittel-M zusammenstr, 6/8 M rechts, ab * noch 3x wdh (= 52/68 M).
7. Rd: * 5/7 M rechts, 3 M mit aufliegender Mittel-M zusammenstr, 5/7 M rechts, ab * noch 3x wdh (= 44/60 M).
8. Rd: * 4/6 M rechts, 3 M mit aufliegender Mittel-M zusammenstr, 4/6 M rechts, ab * noch 3x wdh (= 36/52 M).
9. Rd: * 3/5 M rechts, 3 M mit aufliegender Mittel-M zusammenstr, 3/5 M rechts, ab * noch 3x wdh (= 28/44 M).
10. Rd: * 2/3 M rechts, 3 M mit aufliegender Mittel-M zusammenstr, 2/3 M rechts, ab * noch 3x wdh (= 20/36 M).
11. Rd: * 1/3 M rechts, 3 M mit aufliegender Mittel-M zusammenstr, 1/3 M rechts, ab * noch 3x wdh (= 12/28 M).
Die Mütze für Größe 51-54 cm beenden.
Für Größe 54-58 cm weitere 2 Rd str:
12. Rd: * 2 M rechts, 3 M mit aufliegender Mittel-M zusammenstr, 2 M rechts, ab * noch 3x wdh (= 20 M).
13. Rd: * 1 M rechts, 3 M mit aufliegender Mittel-M zusammenstr, 1 M rechts, ab * noch 3x wdh (= 12 M).
Den Faden lang abschneiden, mit der Wollnd durch die verbleibenden M fädeln, festziehen und auf die Innenseite der Mütze ziehen.

Fertigstellen

Alle Fäden vernähen. Mütze anfeuchten, in Form bringen und trocknen lassen.

TIPP

Die Höhe der Mütze kann angepasst werden. Einfach glatt rechts mehr oder weniger Runden stricken. Ebenso kann die Weite angepasst werden. Hierfür mehr bzw. weniger Maschen anschlagen (M-Zahl teilbar durch 4).

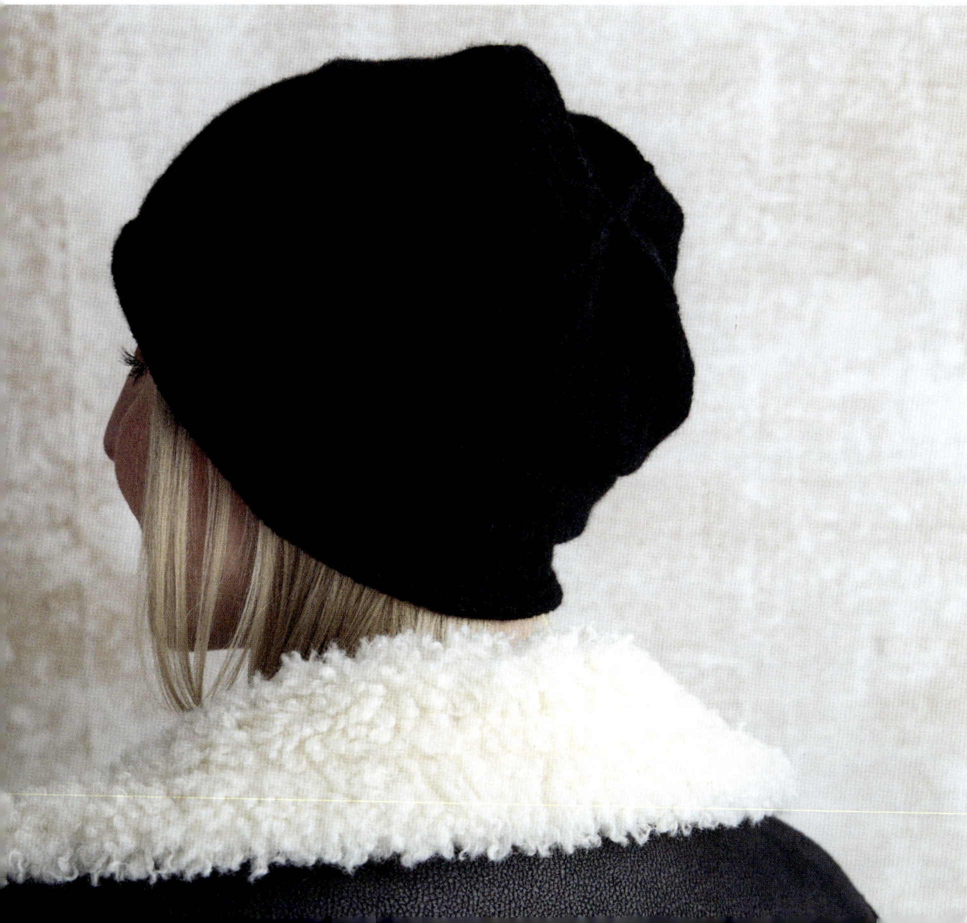

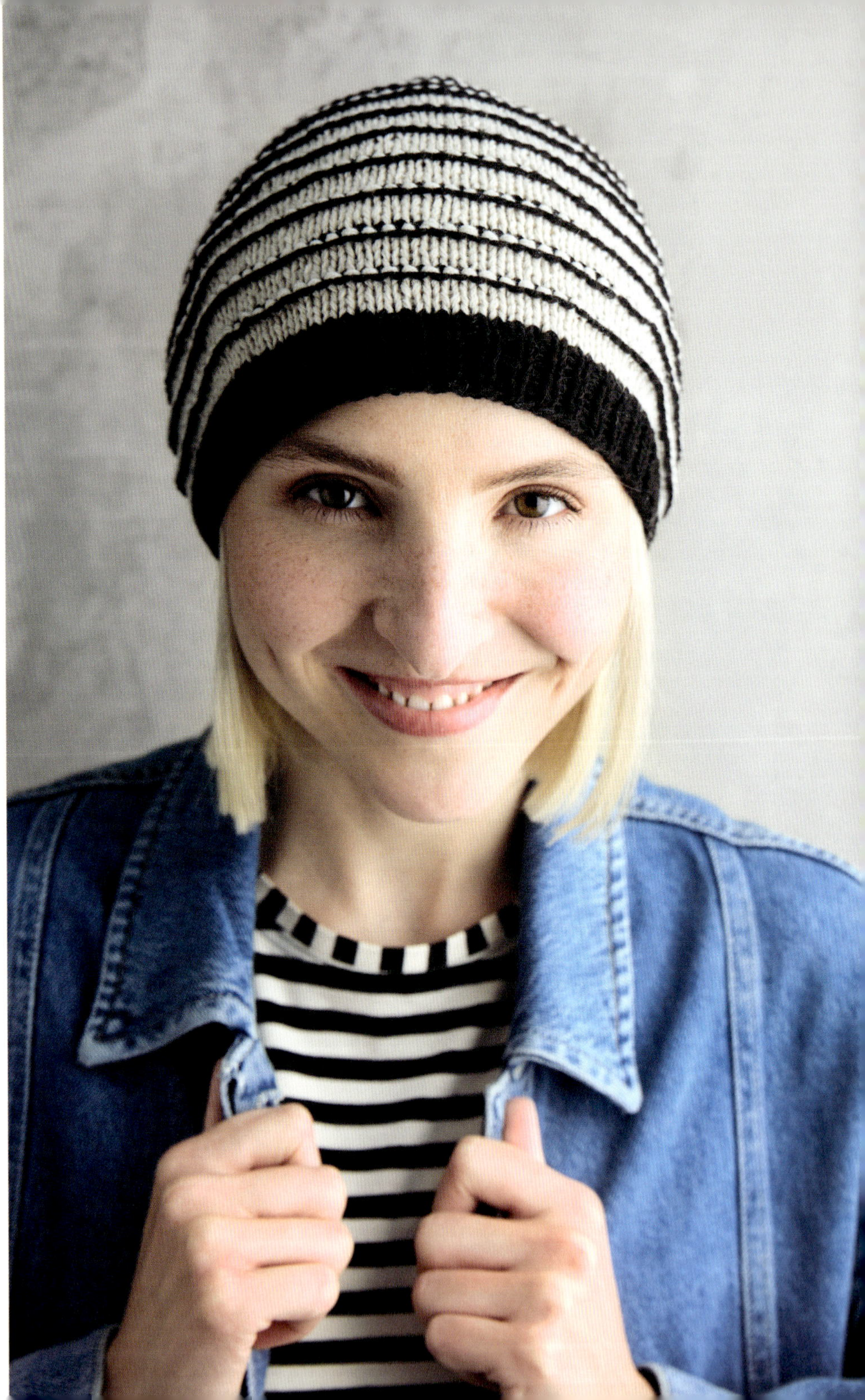

BODØ

KRAUS GESTREIFTE MÜTZE

Maschen anschlagen | zur Runde schließen | rechte Maschen | linke Maschen | Abnahmen

GRÖSSE

S/M/L
Umfang: 44,5/50/55,5 cm
(für die Kopfumfänge 44-54/ 50-60/55-65 cm)
Höhe: 22,5/24/26 cm

Hinweis:
Die Angaben für die einzelnen Größen stehen hintereinander, jeweils durch Schrägstriche getrennt. Steht nur eine Angabe, gilt diese für alle Größen.

MATERIAL

- BC Garn Bio Balance (LL 225 m/ 50 g) in Schwarz (Fb 30), und in Natur (Fb 01), je 50 g
- Rundstricknadel 4,5 mm, 40 cm lang
- ggf. Nadelspiel 4,5 mm für die Mützenspitze
- Wollnadel
- Maschenmarkierer

MASCHENPROBE

Im Strukturmuster mit Nd 4,5 mm und doppeltem Faden
18 M und 32 R = 10 cm x 10 cm

Strukturmuster

4 Rd rechts str, dann 1 Rd links str.

Glatt rechts

In Rd alle M rechts str.

Bündchenmuster

In Rd 1 M rechts, 1 M links im Wechsel str.

2 Maschen rechts überzogen zusammenstricken

1 M wie zum Rechtsstr abheben, die nächste M rechts str, dann die abgehobene M überziehen.

Anleitung

Die Mütze wird mit doppeltem Faden gestrickt.
In Schwarz 80/90/100 M anschl und zur Rd schließen.
2,5 cm im Bündchenmuster arb.
In Natur: 4 Rd rechts str.
In Schwarz: 1 Rd links str.
Diese 5 Rd noch 7/8/9x wdh.

Abnahmen

In Sand: 2 Rd rechts str.
1. Abnahme-Rd: * 8 M rechts, 2 M rechts überzogen zusammenstr, ab * noch 7/8/9x wdh.
1 Rd rechts str.
In Schwarz: 1 Rd links str.
In Natur: 2 Rd rechts str.
2. Abnahme-Rd: * 7 M rechts, 2 M rechts überzogen zusammenstr, ab * noch 7/8/9x wdh.
1 Rd rechts str.
In Schwarz: 1 Rd links str. Faden in Anthrazit abschneiden.
In Natur: 2 Rd rechts str.
3. Abnahme-Rd: * 6 M rechts, 2 M rechts überzogen zusammenstr, ab * noch 7/8/9x wdh.
1 Rd rechts str.
4. Abnahme-Rd: * 5 M rechts, 2 M rechts überzogen zusammenstr, ab * noch 7/8/9x wdh.
1 Rd rechts str.
5. Abnahme-Rd: * 4 M rechts, 2 M rechts überzogen zusammenstr, ab * noch 7/8/9x wdh.
1 Rd rechts str.
6. Abnahme-Rd: * 3 M rechts, 2 M rechts überzogen zusammenstr, ab * noch 7/8/9x wdh.
1 Rd rechts str.
7. Abnahme-Rd: * 2 M rechts, 2 M rechts überzogen zusammenstr, ab * noch 7/8/9x wdh.
1 Rd rechts.
8. Abnahme-Rd: * 1 M rechts, 2 M rechts überzogen zusammenstr, ab * noch 7/8/9x wdh.
1 Rd rechts str.
Den Faden lang abschneiden, durch die verbleibenden 16/18/20 M ziehen, mit einigen Stichen fixieren und vernähen.

Fertigstellen

Alle Fadenenden vernähen. Die Mütze waschen und auf die angegebenen Maße spannen.

Tipp

Da zum Stricken mit doppeltem Faden nur ein Knäul pro Farbe benötigt wird, am besten gleichzeitig das äußere und innere Fadenende verstricken.

Tipp

Die Fäden in Kontrastfarbe können locker hinter der Arbeit mitgeführt werden und müssen nicht für jeden Farbwechsel abgeschnitten und vernäht werden.

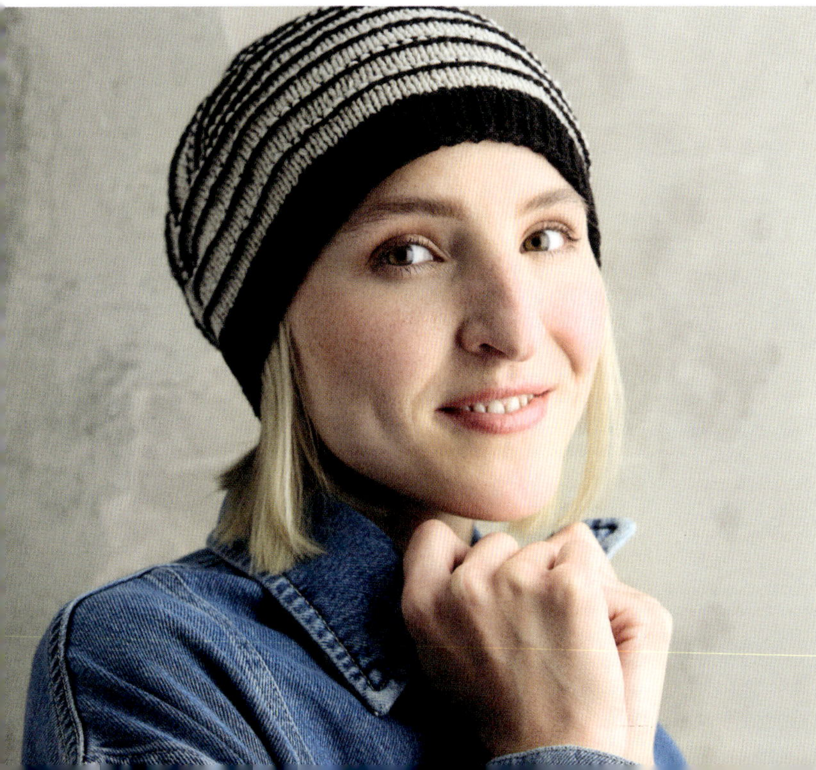

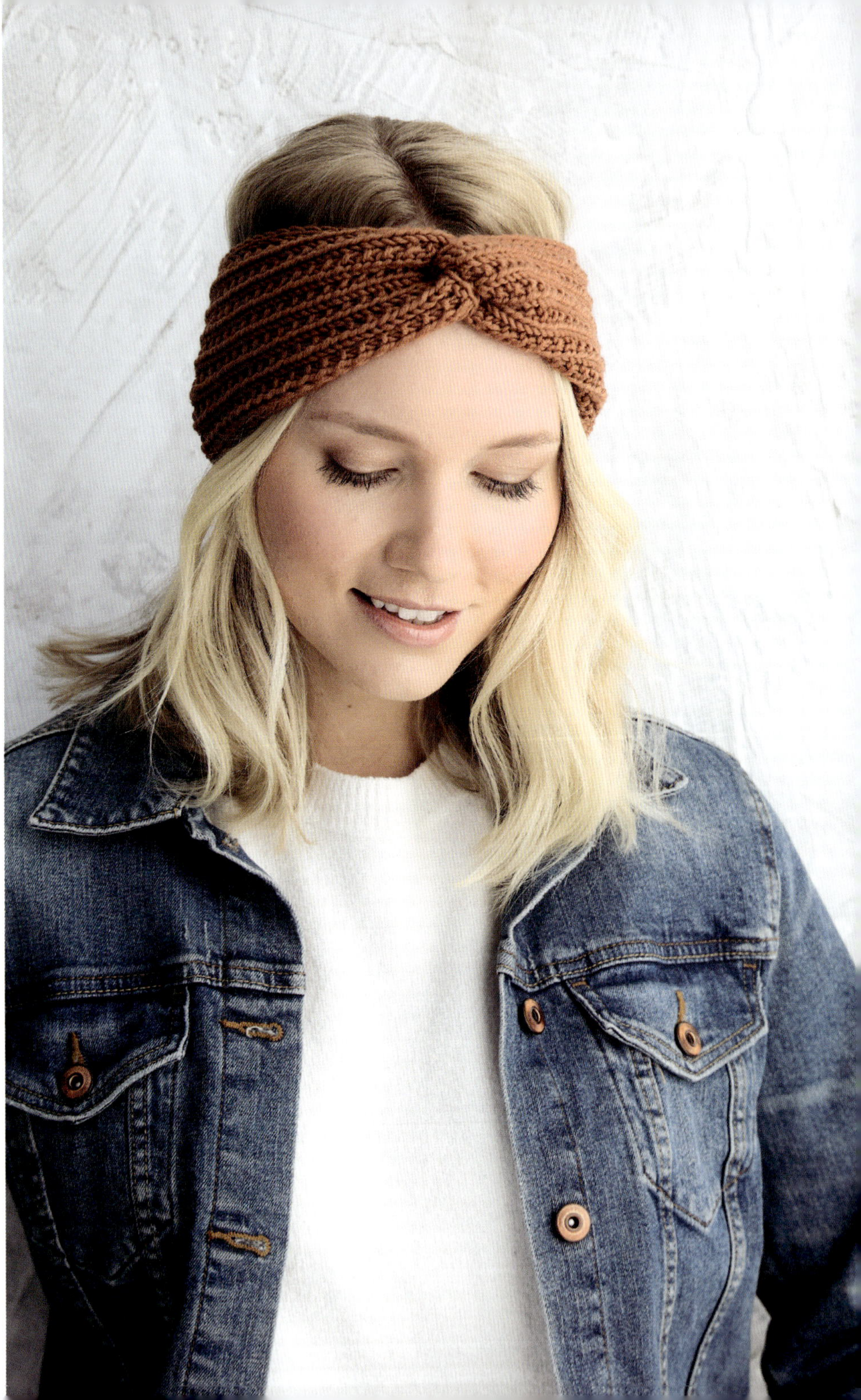

LØNSTRUP

STIRNBAND MIT I-CORD-RAND

Maschen anschlagen | rechte Maschen | linke Maschen | I-Cord-Rand | Zusammennähen

GRÖSSE

Kopfumfang: 51–54/55–58 cm,
Breite: 10 cm

Hinweis:
Die Angaben für die beiden Größen sind durch einen Schrägstrich getrennt. Steht nur eine Angabe, gilt diese für beide Größen.

MATERIAL

- Lang Yarns Merino+ (LL 90 m/50 g) in Nougat (Fb 115), 50 g
- Rundstricknadel 5,5 mm, 40 cm lang
- Wollnadel

MASCHENPROBE

Im Ackerfurchenmuster
mit Nd 5,5 mm
24 M und 26 R = 10 cm x 10 cm

Ackerfurchenmuster

In Hinr und Rückr 2 M rechts, 1 M links im Wechsel str.

I-Cord-Rand

In jeder R die ersten 3 M rechts str und die letzten 3 M wie zum Linksstr abheben, dabei den Faden vor der M weiterführen.

Anleitung

27 M anschl und im Ackerfurchenmuster str, dabei am Anfang und am Ende jeder R den I-Cord-Rand arb. In 48/52 cm Höhe (= 120/130 R) alle M locker abk.
Die beiden Enden jeweils in der Mitte falten, versetzt ineinanderlegen und zusammennähen.

Fertigstellen

Alle Fäden vernähen. Das Stirnband waschen, feucht in Form ziehen und trocknen lassen.

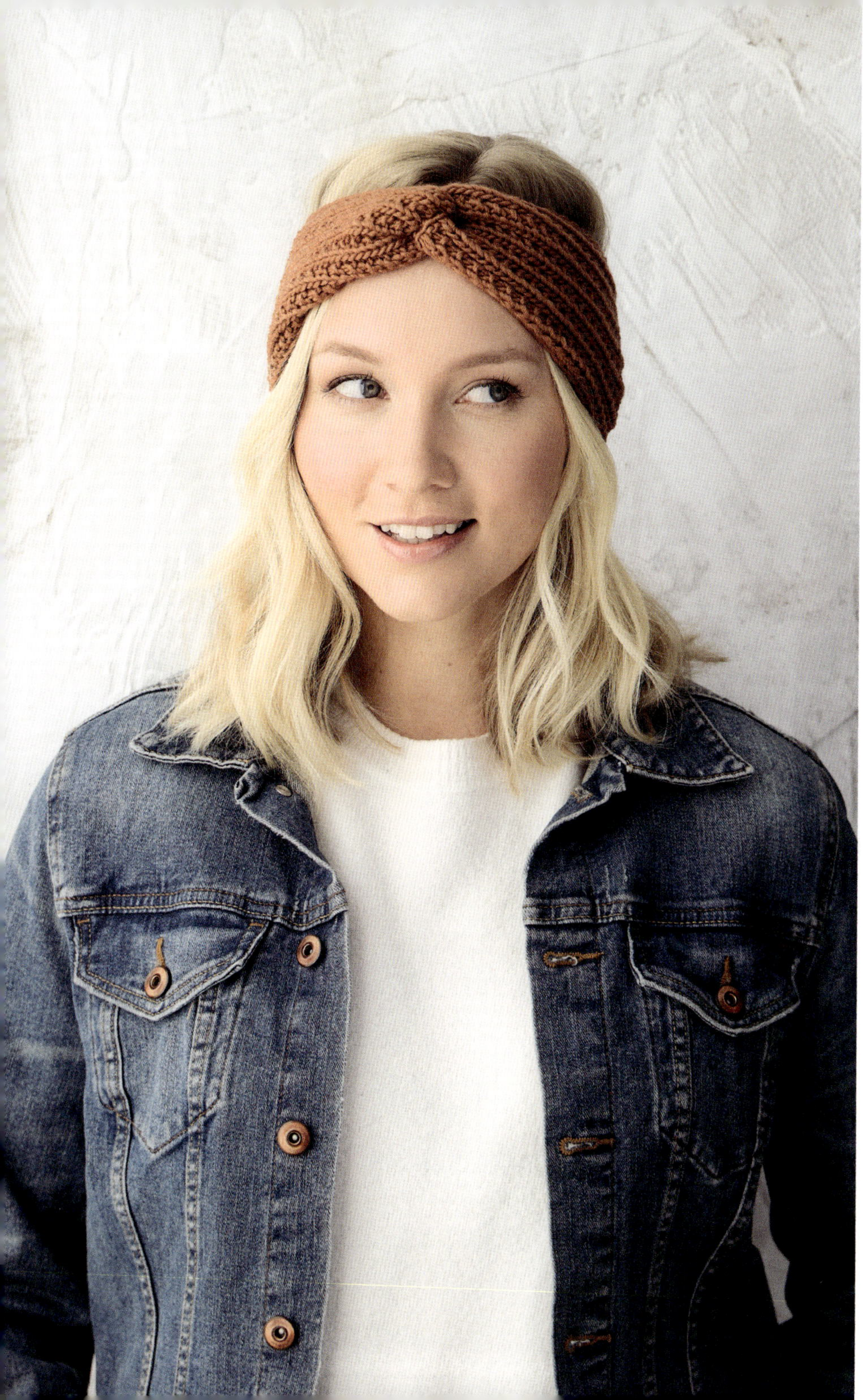

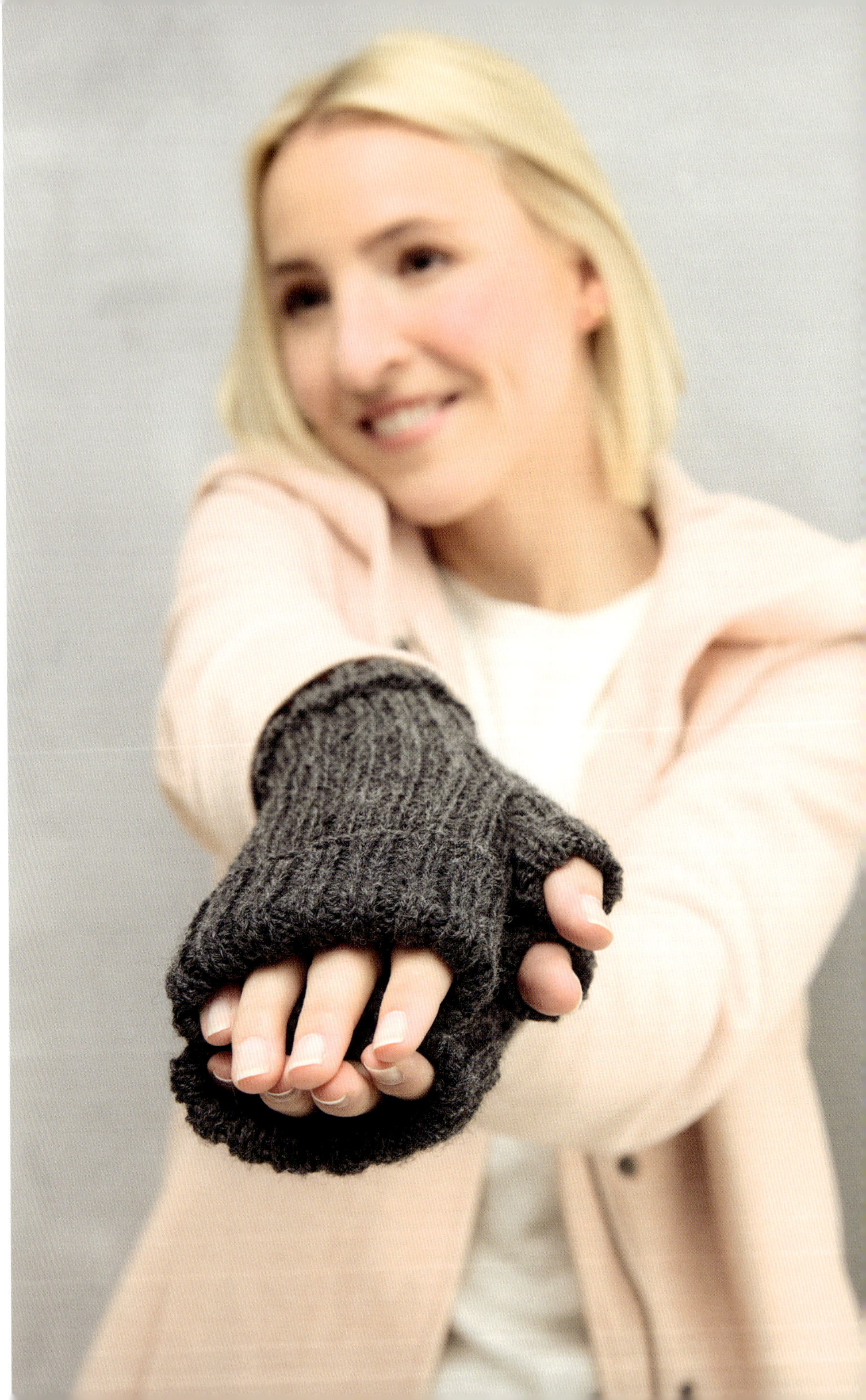

UMEÅ

HANDSTULPEN IM RIPPENMUSTER

Nadelspiel | Maschen anschlagen | rechte Maschen | linke Maschen | Maschen zunehmen | Maschen auffassen

GRÖSSE
M-L

MATERIAL

- Schachenmayr Regia 6-fach (LL 375 m/150 g) in Anthrazit meliert (Fb 522), 150 g
- 2 Nadelspiele 3,0-3,5 mm
- 1 Maschenmarkierer

MASCHENPROBE
Glatt rechts mit Nd 3,0-3,5 mm
22 M und 30 R = 10 cm x 10 cm

Rippenmuster

2 M rechts, 2 M links im Wechsel str.

Anleitung

Linke Stulpe

56 M anschl, gleichmäßig auf 4 Nd verteilen (= 14 M pro Nd) und zur Rd schließen.
30 Rd im Rippenmuster str.
In der nächsten Rd 49 M im Rippenmuster str, MM einhängen, 7 M im Rippenmuster str.

Daumen

1 Zunahme-Rd str wie folgt: Bis zum MM im Rippenmuster str, MM abheben, 1 M links geneigt zunehmen (mit der linken Nd-Spitze von vorne nach hinten unter dem Querfaden einstechen, rechts verschränkt abstr), bis zum Ende der Rd im Rippenmuster str (= 57 M).
Weiter im Rippenmuster str, dabei die Zunahme-Rd noch 5x in jeder 3. Rd wiederholen und die neu zugenommenen M in das Rippenmuster integrieren (= 62 M).
In der nächsten Rd bis zum MM im Rippenmuster str, MM entfernen. Die übrigen 13 M nach dem MM auf ein weiteres Nd-Spiel heben und für den Daumensteg am Ende der letzten Nd 7 weitere M neu anschlagen (= 20 Daumen-M).
Daumen-M gleichmäßig auf 3 Nd verteilen und zur Rd schließen. Den Daumen im Rippenmuster str, bis er ca. 7 cm lang ist. Alle M locker abk.

Hand

Den Daumen wie folgt mit der Hand verbinden, der fertige Daumen liegt dabei rechts. Mit der Arbeitsnadel das linke Maschenglied der 1. M der Daumenrunde, die auf gleicher Höhe mit den noch offenen Maschen liegt, auf die linke Nd heben. Den Faden neu ansetzen und das Maschenglied mit der 1. M rechts zusammenstr. Alle M der Hand bis auf die letzte M im Rippenmuster str. Diese abheben, das rechte Maschenglied der daneben liegenden M auf die linke Nd heben und beide rechts verschränkt zusammenstr. Aus dem Daumensteg 7 M auffassen.
Weiter über alle M im Rippenmuster str, bis die ganze Hand bedeckt ist (ca. 29, 5 cm ab Anschlag). Alle M sehr locker abk.

Rechte Stulpe

Den Anschlag und die ersten 30 Rd wie bei der linken Stulpe arbeiten.
In der nächsten Rd 7 M im Rippenmuster str, MM einhängen, 49 M im Rippenmuster str.

Daumen

1 Zunahme-Rd str wie folgt: Bis zum MM im Rippenmuster str, 1 M rechts geneigt zunehmen (mit der linken Nd-Spitze von hinten nach vorne unter dem Querfaden einstechen, rechts abstricken), MM abheben, bis zum Ende der Rd im Rippenmuster str (= 57 M).

Weiter im Rippenmuster str, dabei die Zunahme-Rd noch 5x in jeder 3. Rd wiederholen und die neu zugenommenen M in das Rippenmuster integrieren (= 62 M).
In der nächsten Rd die 13 M vor dem MM auf ein weiteres Nd-Spiel heben und für den Daumensteg am Ende der letzten Nd 7 weitere M neu anschlagen (= 20 Daumenmaschen).
Den Daumen wie bei der linken Stulpe beenden.

Hand
Wie bei der linken Stulpe str.

Fertigstellen
Alle Fäden vernähen. Die Stulpen waschen, feucht in Form ziehen und trocknen lassen. Daumen- sowie Handteil zur Hälfte nach außen umschlagen.

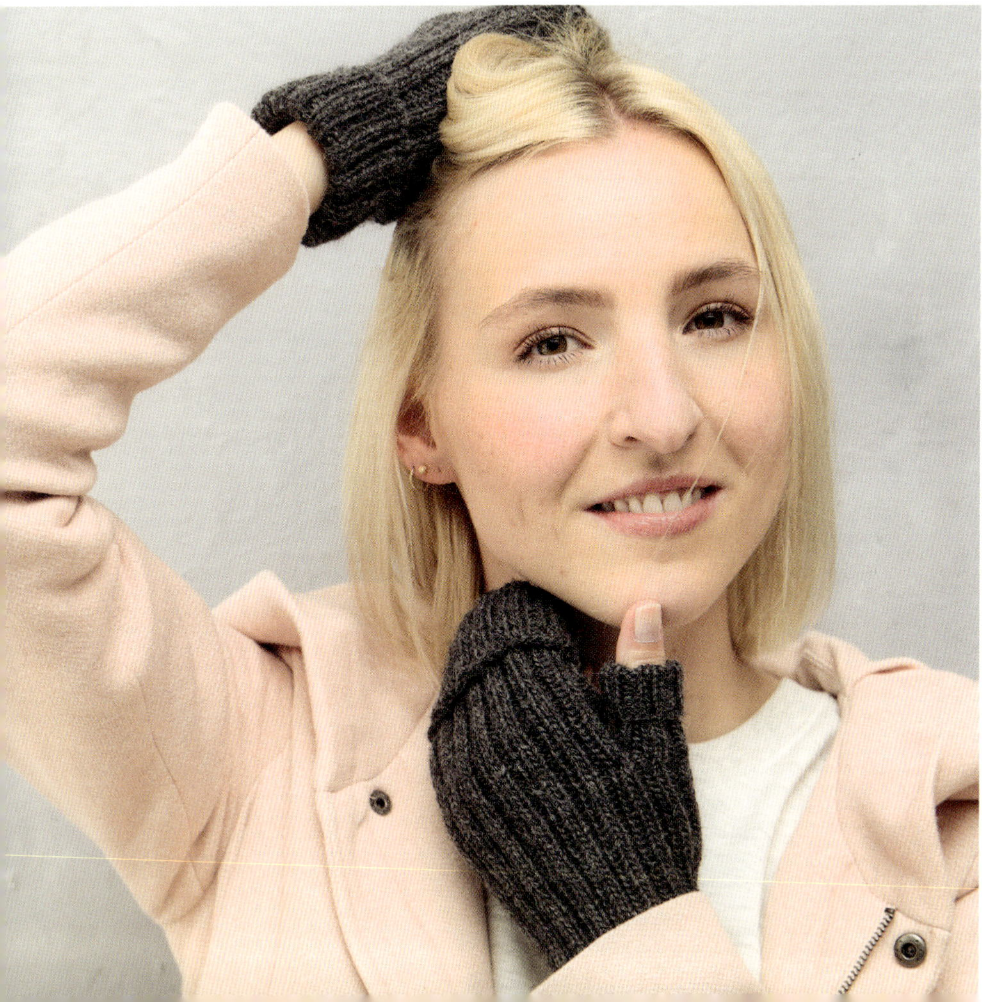

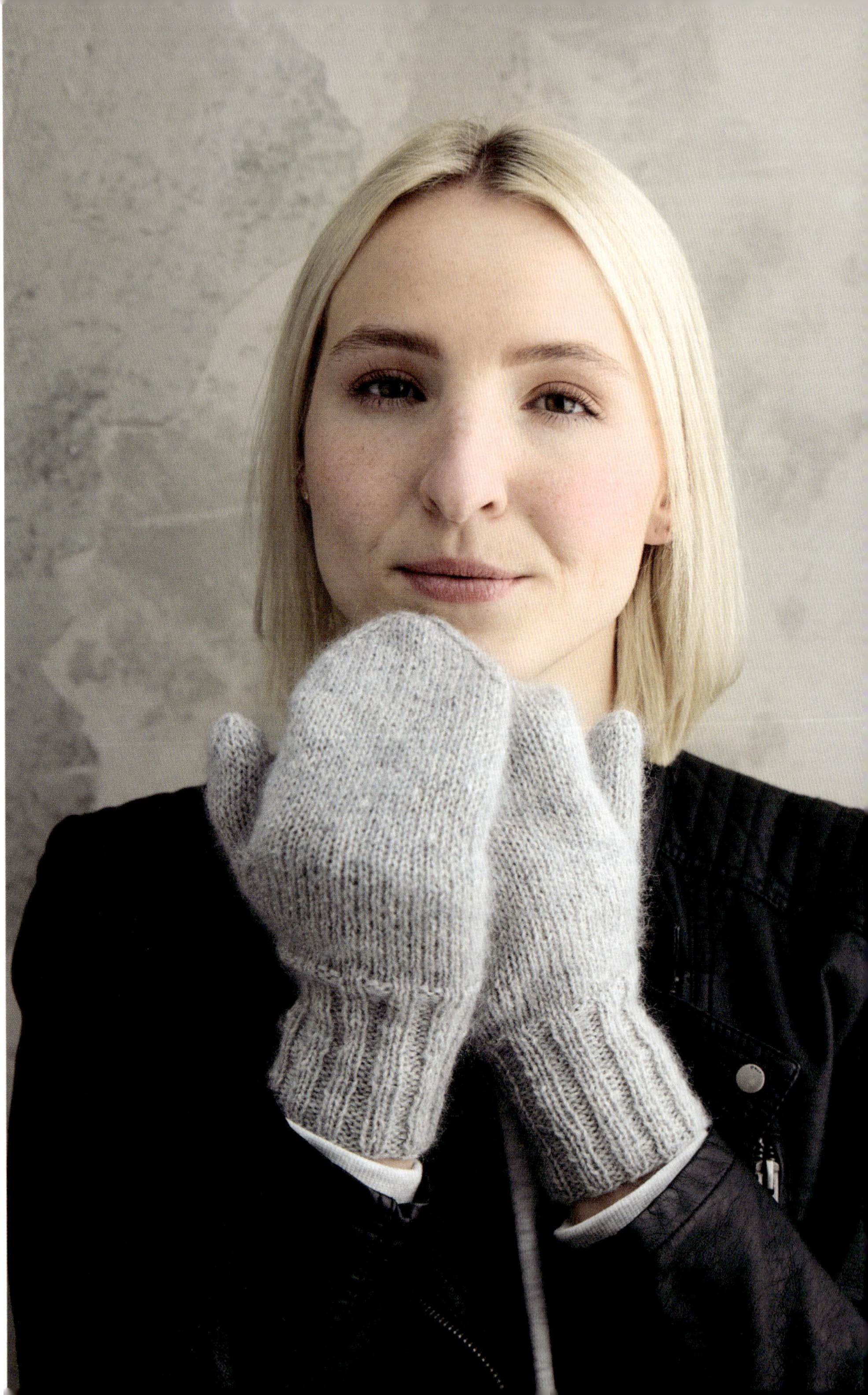

NYBORG

UNKOMPLIZIERTE FÄUSTLINGE MIT RIPPENBÜNDCHEN

Nadelspiel | Maschen anschlagen | rechte Maschen | linke Maschen | Maschen zunehmen | Maschen abnehmen | Maschen auffassen

●●●

GRÖSSE
M

MATERIAL
- BC Garn Loch Lomond Lace (LL 300 m/50 g) in Silber (Fb 06), 50 g
- Kremke Soul Woul Silky Kid (LL 210 m/25 g) in Nebel (Fb 058), 25 g
- 2 Nadelspiele 2,75-3,25 mm
- 1 Maschenmarkierer

MASCHENPROBE
Glatt rechts mit Nd 2,75-3,25 mm und je 1 Faden Loch Lomond Lace und Silky Kid
26 M und 34 R = 10 cm x 10 cm

Bündchenmuster
2 M rechts, 2 M links im Wechsel str.

Glatt rechts
In Rd alle M rechts str.

Hinweis:
Die Handschuhe werden mit doppeltem Faden (1 Faden Loch Lomond Lace und 1 Faden Silky Kid) gestrickt.

Anleitung

Linker Handschuh

44 M mit doppeltem Faden anschl, die M gleichmäßig auf 4 Nd verteilen (11 M pro Nd) und zur Rd schließen.
30 Rd im Bündchenmuster str.
3 Rd glatt rechts str.
In der nächsten Rd 38 M rechts str, MM einhängen, 6 M rechts str.

Daumen
1 Zunahme-Rd str wie folgt: Bis zum MM rechts str, MM abheben, 1 M links geneigt zunehmen (mit der linken Nd-Spitze von vorne nach hinten unter dem Querfaden einstechen, rechts verschränkt abstricken), bis zum Ende der Rd rechts str (= 45 M).
Weiter glatt rechts str, dabei die Zunahme-Rd noch 2x in jeder 3. Rd und anschließend 2x in jeder 2. Rd wiederholen (= 49 M). In der nächsten Rd bis zum MM rechts str, MM entfernen. Die übrigen 11 M nach dem MM auf ein weiteres Nd-Spiel heben und für den Daumensteg am Ende der letzten Nd 6 weitere M neu anschlagen. Daumenmaschen gleichmäßig auf 3 Nd verteilen und zur Rd schließen. Den Daumen in Rd glatt rechts str, bis er 5,5 cm lang ist. Dann für die Fingerkuppe in jeder 2. Rd fortlaufend 2 M rechts zusammenstr, bis nur noch 6 M übrig sind. Faden abschneiden, mit der Wollnd durch die M ziehen, zusammenziehen und auf der Innenseite vernähen.

Hand
Den Daumen wie folgt mit der Hand verbinden, der fertige Daumen liegt dabei rechts. Mit der Arbeitsnadel das linke Maschenglied der 1. M der Daumenrunde, die auf gleicher Höhe mit den noch offenen Maschen liegt, auf die linke Nd heben. Den Faden neu ansetzen und das Maschenglied mit der 1. M rechts zusammenstr. Alle M der Hand bis auf die letzte M rechts str. Diese abheben, das rechte Maschenglied der daneben liegenden M auf die linke Nd heben und beide rechts verschränkt zusammenstr. Aus dem Daumensteg 6 M auffassen. Weiter über alle M glatt rechts str, bis der Handschuh den kleinen Finger vollständig bedeckt (ca. 14 cm ab Bündchen). In der nächsten Rd mit den Abnahmen für die Bandspitze beginnen:
Abnahme-Rd: *1 M rechts, 2 M rechts verschränkt zusammenstr, 16 M rechts, 2 M rechts zusammenstr, 1 M

rechts, ab * noch 1x wiederholen (= 40 M).
Weiter glatt rechts str, dabei die Abnahme-Rd noch 1x in der 3. Rd, dann 3x in jeder 2. Rd und 4x in jeder Rd wiederholen (= 8 M).

Rechter Handschuh

Den 2. Handschuh gegengleich str. Dafür das Bündchen wie beim linken Handschuh str.
3 Rd glatt rechts str.
In der nächsten Rd 6 M rechts str, MM einhängen, 38 M rechts str.

Daumen

1 Zunahme-Rd str wie folgt: Bis zum MM rechts str, 1 M rechts geneigt zunehmen (mit der linken Nd-Spitze von hinten nach vorne unter dem Querfaden einstechen, rechts abstricken), MM abheben, bis zum Ende der Rd rechts str (= 45 M).
Weiter glatt rechts str, dabei die Zunahme-Rd noch 2x in jeder 3. Rd und anschließend 2x in jeder 2. Rd wiederholen (= 49 M). In der nächsten Rd die 11 M vor dem MM auf ein weiteres Nd-Spiel heben und für den Daumensteg am Ende der letzten Nd 6 weitere M neu anschlagen. Den Daumen wie beim linken Handschuh beenden.

Hand

Wie beim linken Handschuh str.

Fertigstellen

Alle Fäden vernähen. Die Handschuhe waschen, feucht in Form ziehen und trocknen lassen.

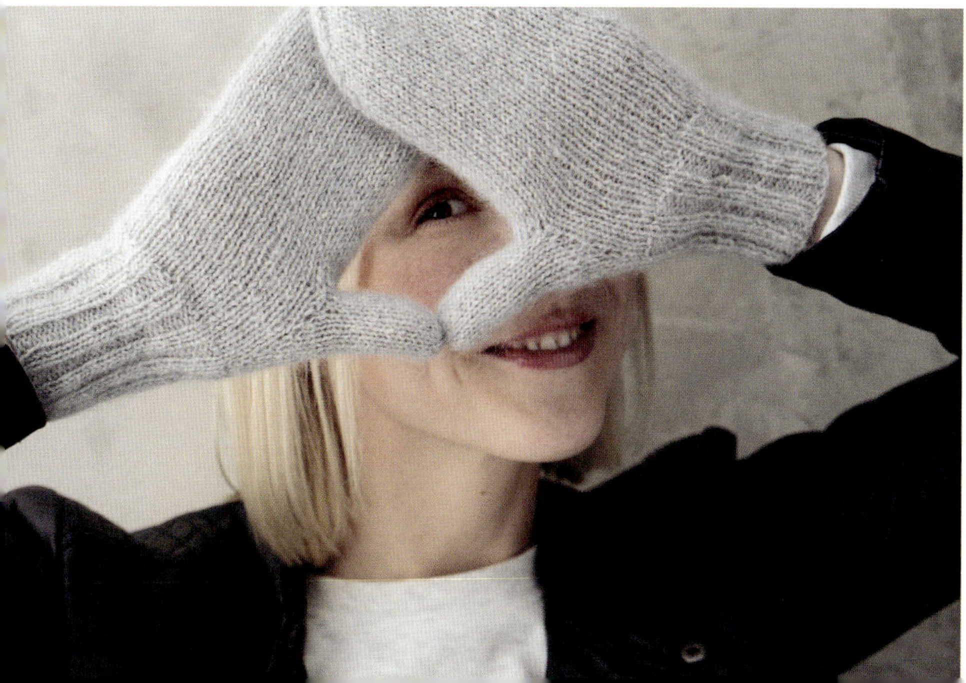

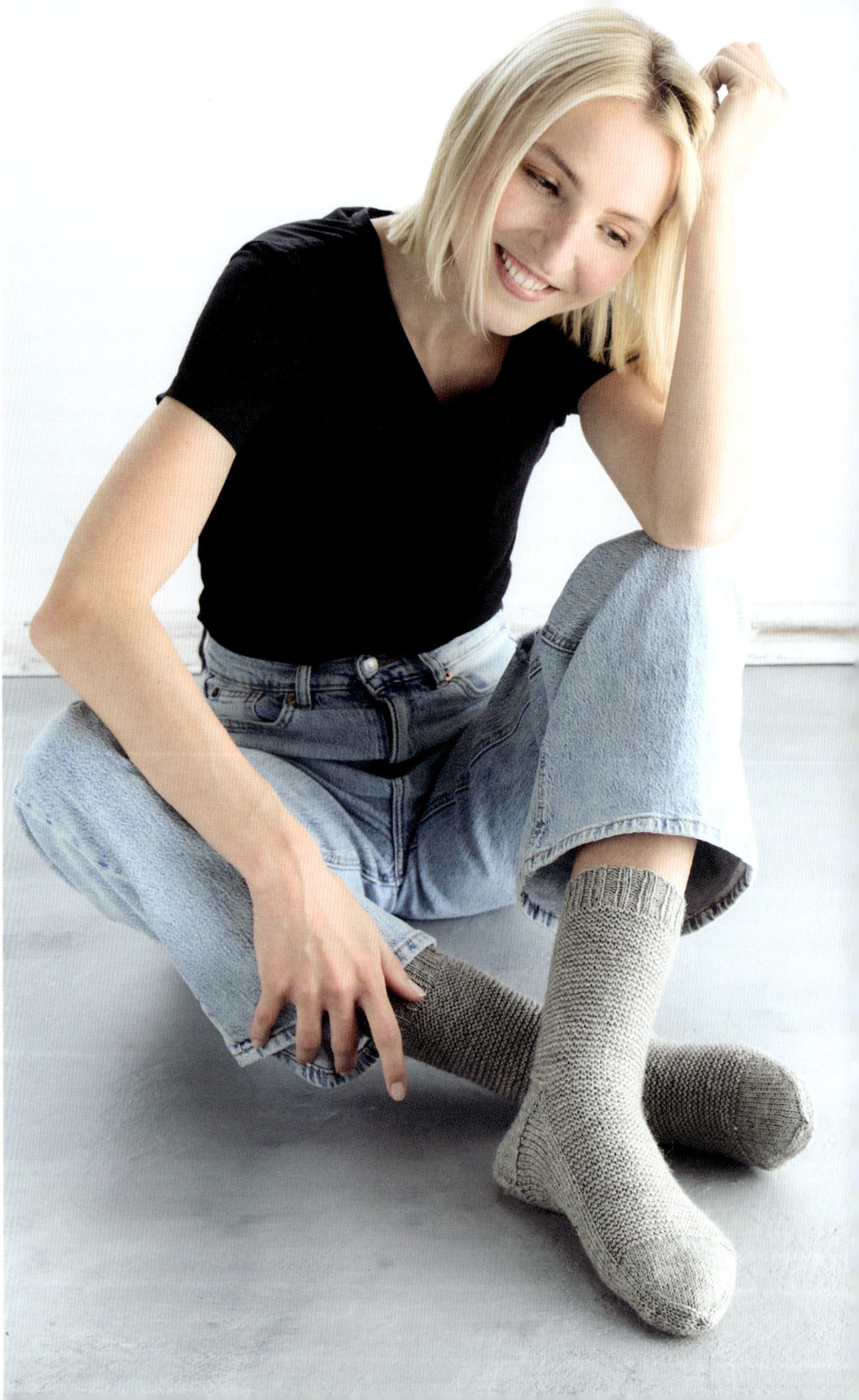

YSTAD

GEMÜTLICHE SOCKEN FÜR JEDEN TAG

Nadelspiel | Maschen anschlagen | zur Runde schließen | rechte Maschen | linke Maschen | Maschen abnehmen | Maschen auffassen

GRÖSSE
38/39

Material

- Schachenmayr Regia 4-fädig (LL 420 m m/100 g) in Flanell meliert (Fb 33), 100 g
- Nadelspiel 2,5 mm
- Wollnadel

MASCHENPROBE
Glatt rechts mit Nd 2,5 mm
30 M und 42 R = 10 cm x 10 cm

Bündchenmuster

2 M rechts, 2 M links im Wechsel str.

Kraus rechts in Rd

1. Rd: Alle M rechts str.
2. Rd: Alle M links str.

Die 1. und 2. Rd fortlaufend wdh.

Anleitung

Schaft

60 M anschlagen, auf 4 Nd verteilen (15 M pro Nd) und zur Rd schließen. Ein 2/2-Rippenbündchen über 15 Rd str. Dann für den Schaft bis ca. 15 cm Gesamtlänge kraus rechts arbeiten.

Käppchenferse

Nun die 30 M der 1. und 4. Nd rechts str und auf eine Nd nehmen. Dann in R eine Käppchenferse wie folgt str, zunächst die Fersenwand:
1. R: Arbeit wenden, 1. M rechts str. Linke M str bis 1 M vor Ende der R. Die letzte M rechts str.
2. R.: Arbeit wieder wenden und alle M rechts str.
Die 1. und 2. R fortlaufend wiederholen, bis insgesamt 2 Reihen weniger gestrickt sind, als M auf der Nd liegen.
Für das Käppchen die M gedanklich in 3 Teile teilen (je 10 M). Die letzte M des Mittelteils in jeder Reihe mit der 1. M des Seitenteils rechts oder links zusammenstr, wenden. Nach dem Wenden die 1. M wie zum Linksstricken abheben. Die Schritte so lange wdh, bis alle Seitenteilmaschen aufgebraucht sind. Nun aus den Seiten der Fersenwand M auffassen. Aus jeder „Perle" des Fersenwand-Rands eine M herausstr. Die M der 2. und 3. Nd in kraus rechts arb. Mit einer freien Nd aus der anderen Fersenwandseite ebenfalls M auffassen. 2 Rd über alle M stricken, über die M der 1. und 4. Nd glatt rechts, über die 2. und 3. Nd in kraus rechts.
Für den Spickel wie folgt M abnehmen. In der nächsten Rd die M der 1. Nd bis auf 3 M rechts stricken. 2 M rechts zusammenstr, 1 M rechts. Die M der 2. und 3. Nd in kraus rechts str. Auf der 4. Nd 1 M rechts str, 2 M rechts überzogen zusammenstr und die restlichen M rechts arb. 2 Rd ohne Abnahmen str, dann die Abnahmerd wdh. Auf diese Weise in jeder 3. Rd M abnehmen, bis sich auf allen Nd wieder gleich viele M (= ursprüngliche Maschenzahl) befinden.

Fuß

Nach Beendigung der Ferse auf der 1. und 4. Nd glatt rechts, auf der 2. und 3. Nd kraus rechts str. Bis zu einer Gesamtfußlänge von 20 cm in dieser M-Einteilung weiterarb.

Bandspitze

Abnahmerd wie folgt str:
Die M der 1. Nd bis auf 3 M rechts str. Die nächsten 2 M rechts zusammenstr, die letzte M rechts str.

Auf der 2. Nd die 1. M rechts str und die folgenden 2 M rechts überzogen zusammenstr. Die restlichen M der 2. Nd rechts str.
Auf der 3. Nd wie auf der 1. Nd str.
Auf der 4. Nadel wie auf der 2. Nadel stricken.
3 Rd glatt rechts str. Abnahmerd, 2 Rd glatt rechts, Abnahmerd, 2 Rd glatt rechts, nun 3x in jeder 2. Rd abnehmen, danach in jeder Rd Abnahmerd str bis auf jeder Nd nur noch 2 M liegen.

Den Faden abschneiden, die letzten 8 M mit dem Arbeitsfaden doppelt zusammenziehen und auf der Innenseite vernähen. Den Anfangsfaden ebenfalls vernähen. Die zweite Socke genauso arb.

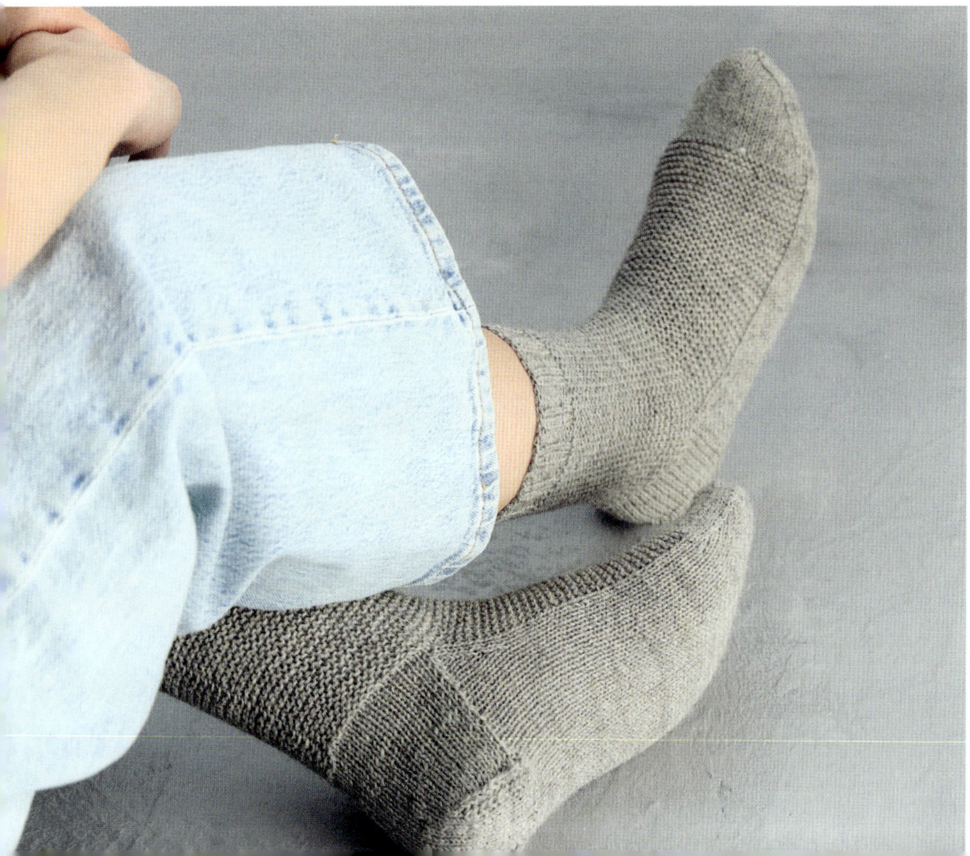

GRUNDANLEITUNGEN

Maschenprobe

Damit das Strickstück später auch genau passt und sich angenehm trägt, ist es sehr wichtig, die richtige Nadelstärke zu wählen. Dabei hilft die Maschenprobe, ein Probeteil, das man vor Beginn des eigentlichen Modells strickt. Sie dient dazu, die Festigkeit der eigenen Strickmaschen zu überprüfen. Auf den Banderolen von Garnen und bei Strickanleitungen ist meist schon eine Empfehlung für die richtige Nadelstärke abgedruckt. Diese Angaben sollten vor Beginn des Strickens mit den eigenen Werten verglichen werden. Dazu auf jeden Fall das Originalgarn verwenden und ein Probestück von ca. 12 x 12 cm im angegebenen Muster anfertigen.
Nun wird ausgezählt, wie viele Maschen und wie viele Reihen jeweils 10 cm ergeben. Sind es mehr Maschen und Reihen als in der Vorgabe, wurde zu fest gestrickt. Dann sollte eine größere Nadelstärke ausprobiert werden. Sind es weniger Maschen und Reihen, so ist das Gestrick zu locker. Dann sind dünnere Nadeln zu verwenden.

Garne ersetzen

Soll ein Modell mit einem anderen Garn gestrickt werden als in der Materialangabe aufgeführt, dann sollte ein möglichst ähnliches Garn ausgesucht werden. Am einfachsten sucht man dafür ein Garn, das in Maschenprobe, Lauflänge und Struktur dem Original möglichst nahekommt. Auf jeden Fall muss man eine ausreichend große Maschenprobe anfertigen!

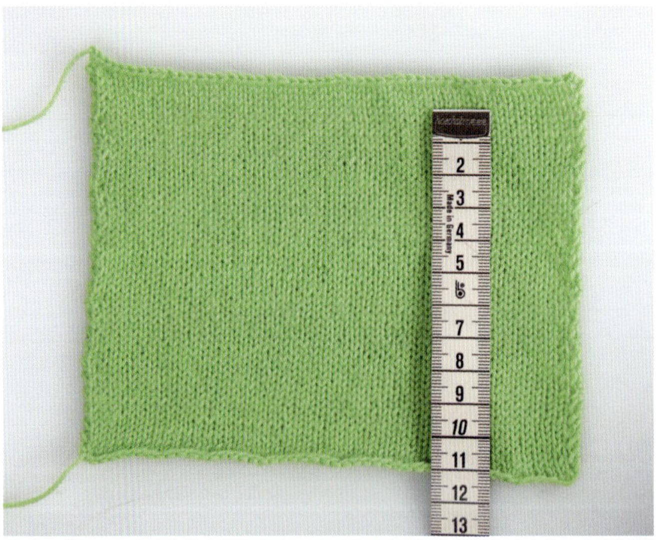

Abkürzungen

abk = abketten
anschl = anschlagen
arb = arbeiten
Hinr = Hinreihe
M = Masche
MM = Maschenmarkierer
Nd = Nadel
R = Reihe
Rd = Runde
Rdm = Randmasche
Rückr = Rückreihe
str = stricken
wdh = wiederholen

Der Kreuzanschlag

Jedes Strickstück beginnt mit einem Maschenanschlag, mit dem die Schlingen auf die Nadeln gebracht werden. Der Kreuzanschlag ist einfach zu arbeiten sowie fest und trotzdem elastisch - und er sieht von beiden Seiten gut aus.

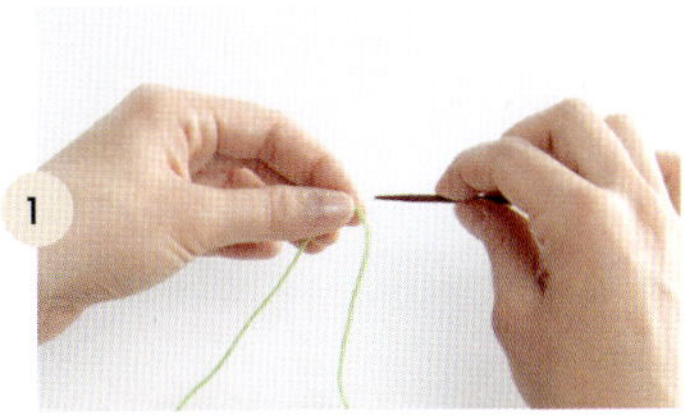

1 Den Faden, der vom Knäuel kommt **(= Arbeitsfaden)**, in die linke Hand, eine Spielnadel in die rechte Hand nehmen.

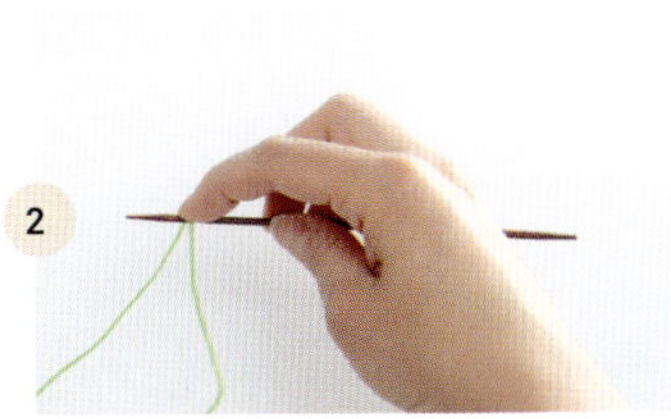

2 Die Nadel waagerecht halten und den Faden in ca. 80 cm Abstand vom Fadenende über die Nadel legen. (Hinweis: Im Foto wurde das Fadenende kürzer gelassen, damit es zu sehen ist.) Das lose Ende zeigt dabei zum Körper, der Arbeitsfaden läuft vom Körper weg. Den Faden mit dem rechten Zeigefinger ca. 2-3 cm von der Nadelspitze entfernt auf der Nadel festhalten.

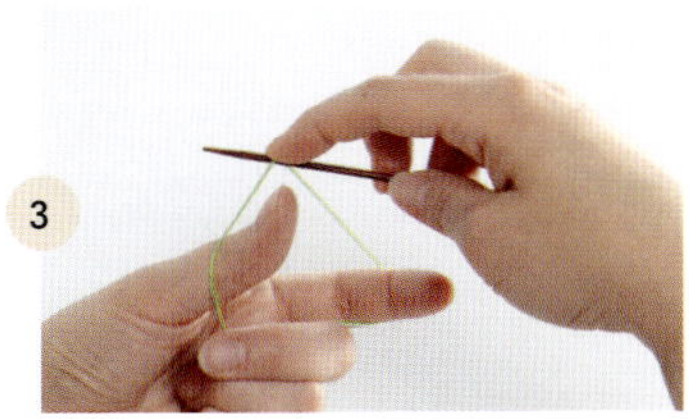

3 Mit Daumen und Zeigefinger der linken Hand zwischen die beiden hängenden Fäden greifen, den Arbeitsfaden um den Zeigefinger und das lose Ende um den Daumen legen. Die beiden Fäden mit den drei anderen Fingern in der Handfläche festhalten.

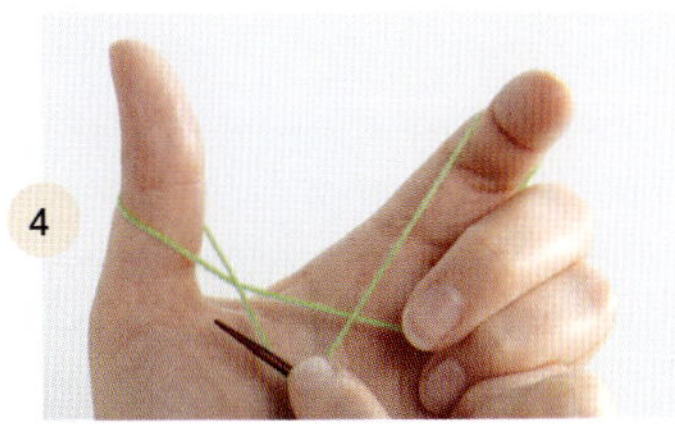

4 Die Nadel nach unten bringen, sodass sich eine Schlinge um den Daumen bildet.

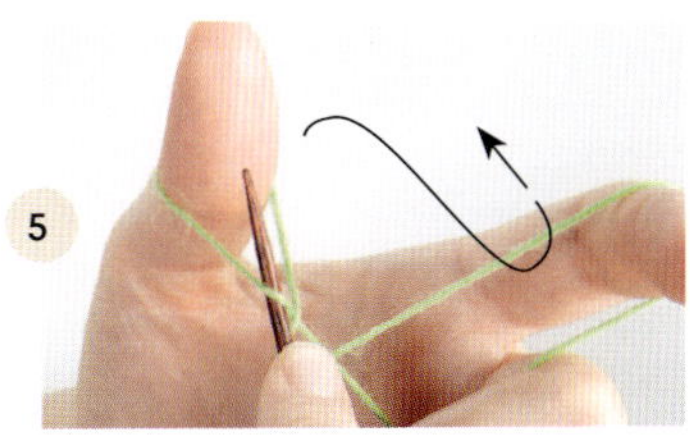

5 Von unten in die Daumenschlinge einstechen.

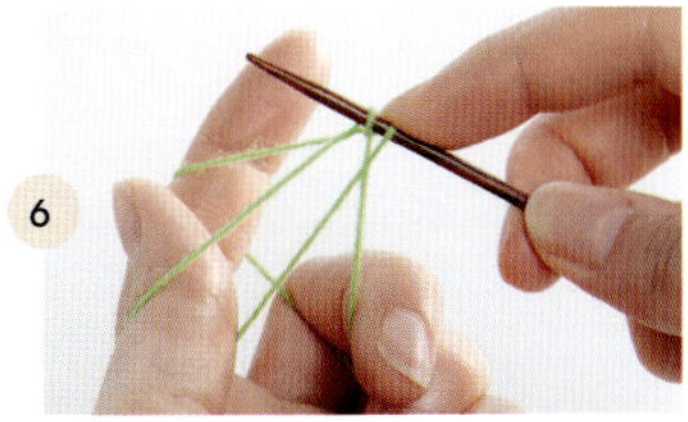

6 Die Nadelspitze in Pfeilrichtung um den Arbeitsfaden führen und diesen durch die Daumenschlinge ziehen.

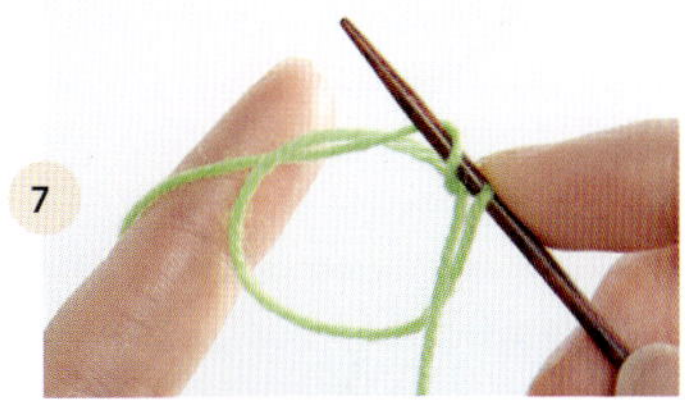

7 Den Daumen aus der Schlinge nehmen und die Schlinge vorsichtig auf der Nadel festziehen. Nicht zu fest und nicht zu locker!

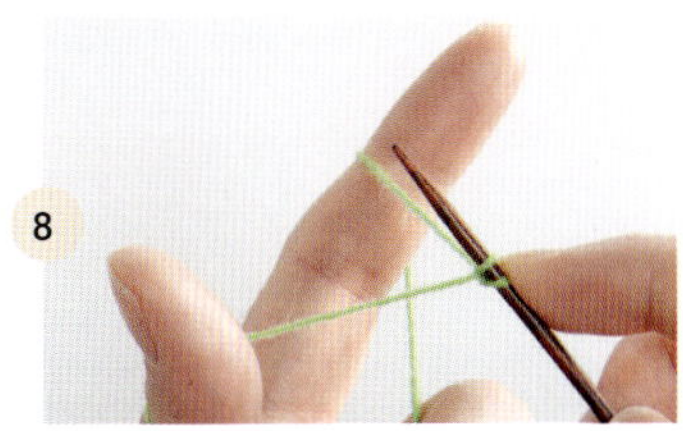

8 Den Daumen heben. So wird automatisch die Ausgangsposition für die nächste Masche erreicht. Für weitere Maschen die **Schritte 4-8** wiederholen.

Der italienische Maschenanschlag

Eine Grundschlinge arbeiten und so positionieren, dass das Fadenende noch mindestens 3x so lang ist wie die Anschlagbreite.

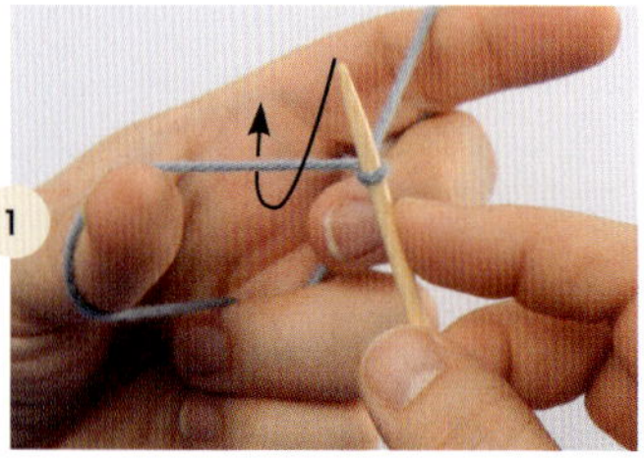

1 Den Arbeitsfaden über den ausgestreckten Zeigefinger und das Fadenende über den ausgestreckten Daumen der linken Hand legen, beide Fäden mit den übrigen Fingern halten und spannen. Die Nadel befindet sich in der Mitte des zwischen Daumen und Zeigefinger gespannten Fadens.

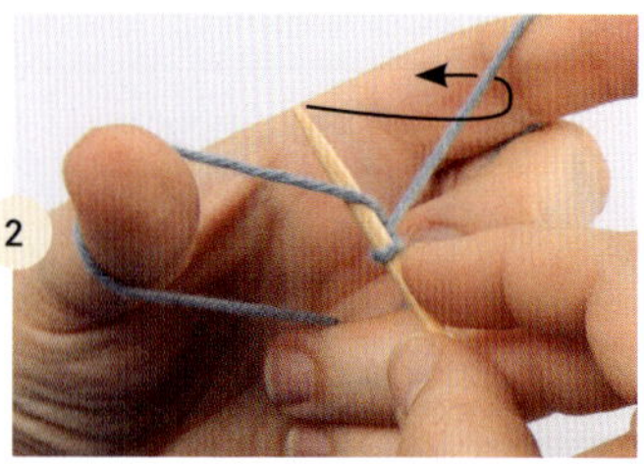

2 Die Nadelspitze in Pfeilrichtung unter dem inneren Daumenfaden durchführen.

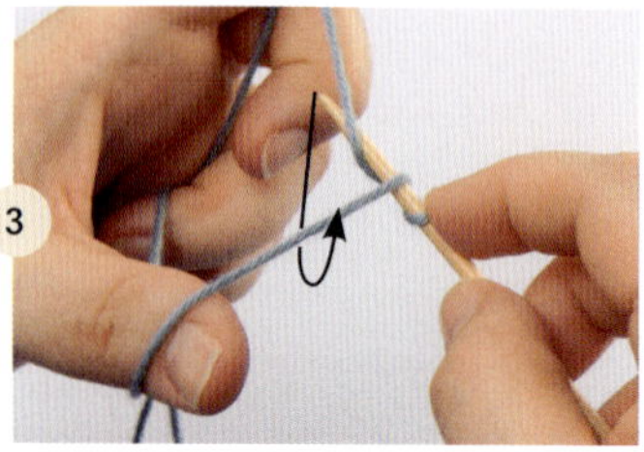

3 Den Zeigefingerfaden in Pfeilrichtung von rechts nach links erfassen und unter dem Daumenfaden durchziehen.

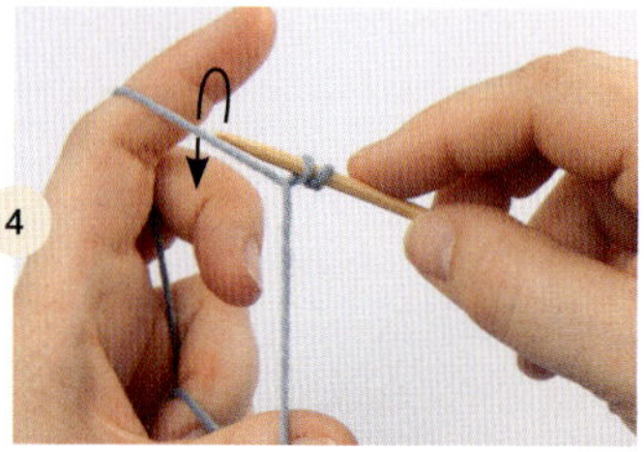

4 Die Nadel wieder in die Mitte des zwischen Daumen und Zeigefinger gespannten Fadens bringen. Die Nadelspitze in Pfeilrichtung hinter dem Zeigefingerfaden herumführen.

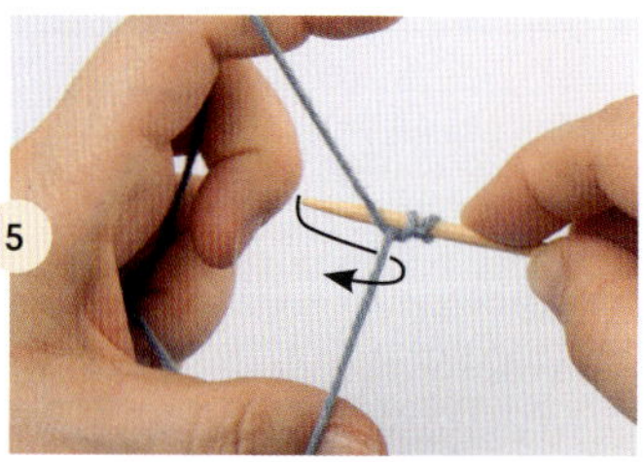

5 Den Daumenfaden in Pfeilrichtung von rechts nach links erfassen und unter dem Zeigefingerfaden nach hinten ziehen.

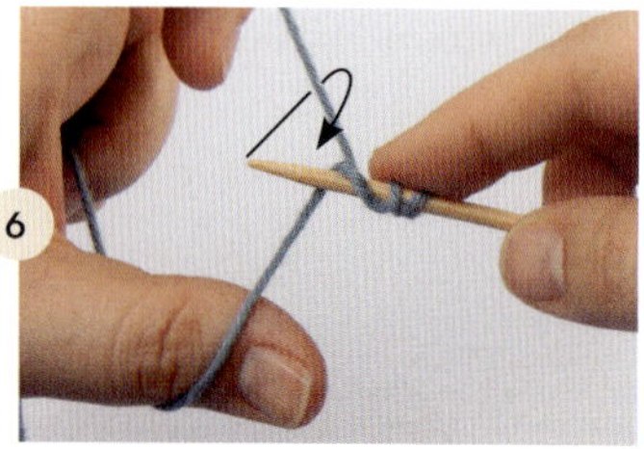

6 Den Zeigefingerfaden vor die Nadel legen.

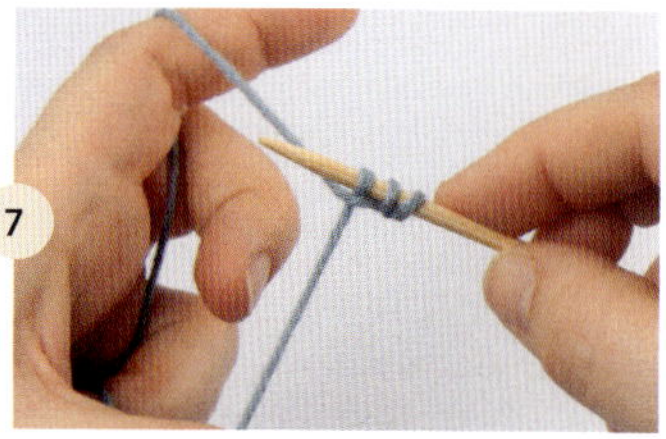

7 Die Ausgangsposition ist wieder erreicht.

Stricken mit dem Nadelspiel

Maschen anschlagen

Um später auf dem Nadelspiel in Runden stricken zu können, müssen die angeschlagenen Maschen gleichmäßig auf 4 Nadeln verteilt und zur Runde geschlossen werden. Der Rundenschluss gelingt sehr einfach, wenn die Maschen zuerst auf 2 Nadeln angeschlagen werden.

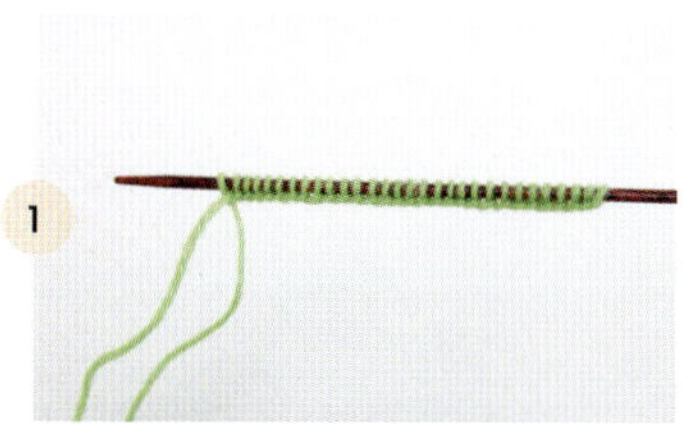

1 Die Hälfte der benötigten Maschen auf einer Spielnadel anschlagen.

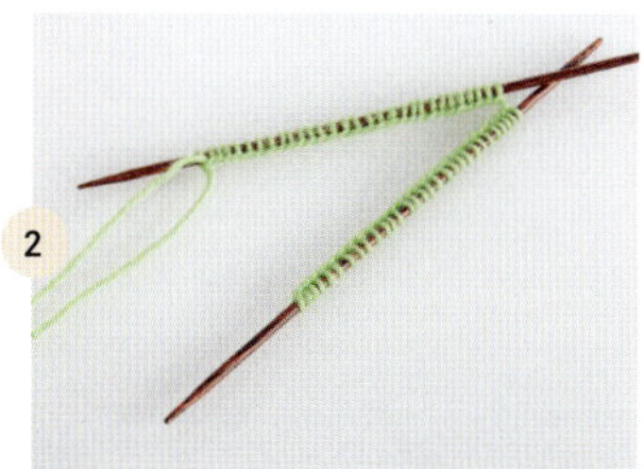

2 Nun mit der zweiten Maschenhälfte auf der zweiten Spielnadel nahtlos fortfahren.

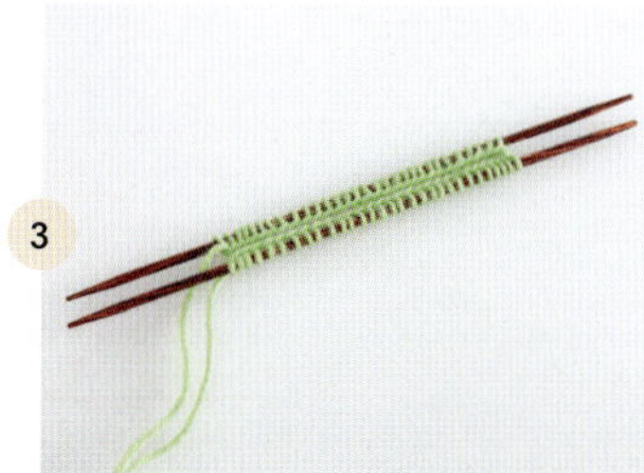

3 Die Unterkanten der angeschlagenen Maschen so aneinanderlegen, dass jeweils die gleichen, kordelartigen Seiten des Anschlags nach oben zeigen. Darauf achten, keine der Nadeln zu verdrehen! Die erste und die letzte angeschlagene Masche liegen direkt nebeneinander.

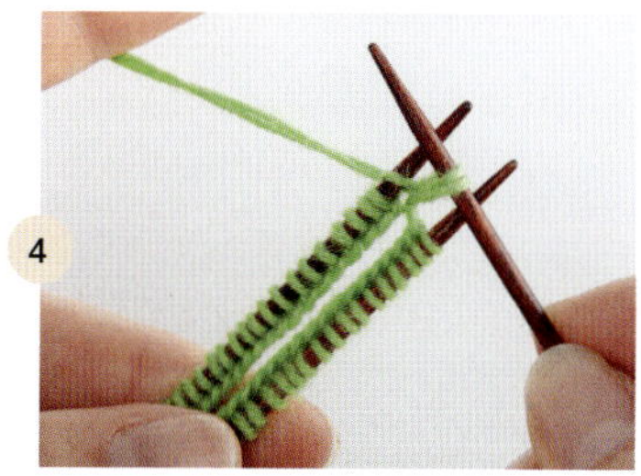

4 Eine dritte Spielnadel hinzunehmen und die erste angeschlagene Masche mit doppeltem Faden aus Arbeitsfaden und Fadenende stricken.

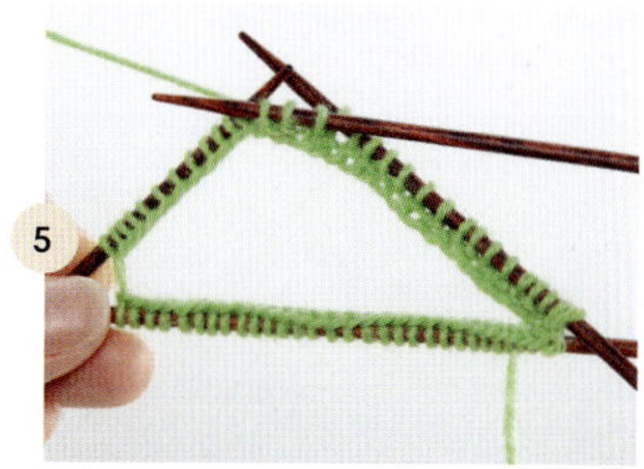

5 Alle weiteren Maschen im gewählten Bündchenmuster nur mit dem Arbeitsfaden stricken. Wenn ein Viertel der Maschen gestrickt ist, eine weitere Spielnadel hinzunehmen und mit dieser das nächste Viertel stricken.

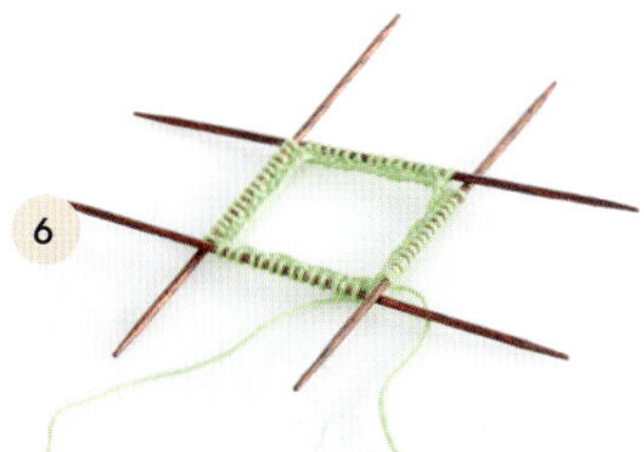

6 Auf diese Weise die Maschen in der 1. Runde abstricken und auf 4 Nadeln verteilen.

Rechte Maschen

1
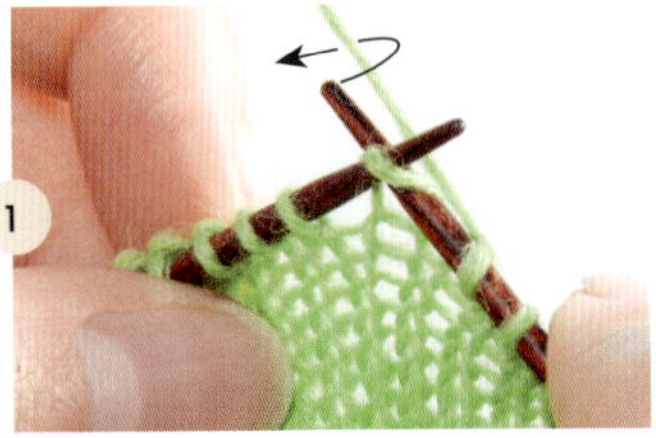

1 Mit der Spitze der rechten Nadel (= Arbeitsnadel) von vorn links nach hinten rechts in die nächste Masche einstechen.

Die Nadel in Pfeilrichtung um den Arbeitsfaden herumführen.

2
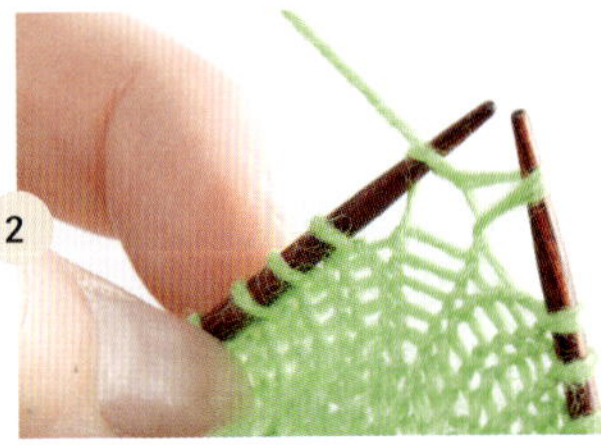

2 … und den Faden durch die Masche ziehen.

3
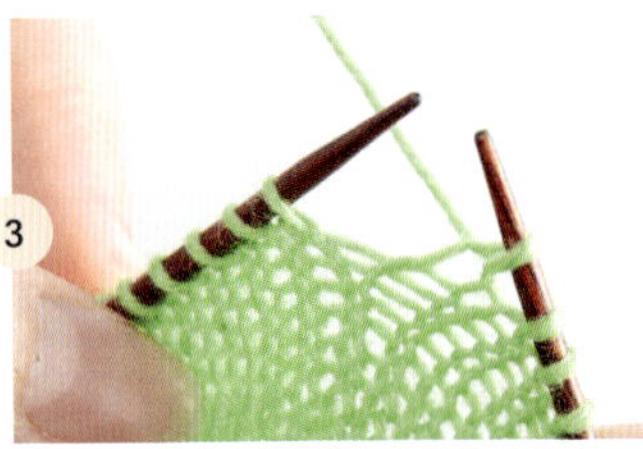

3 Die Masche von der linken Nadel gleiten lassen und auf der rechten Nadel vorsichtig festziehen.

Linke Maschen

1
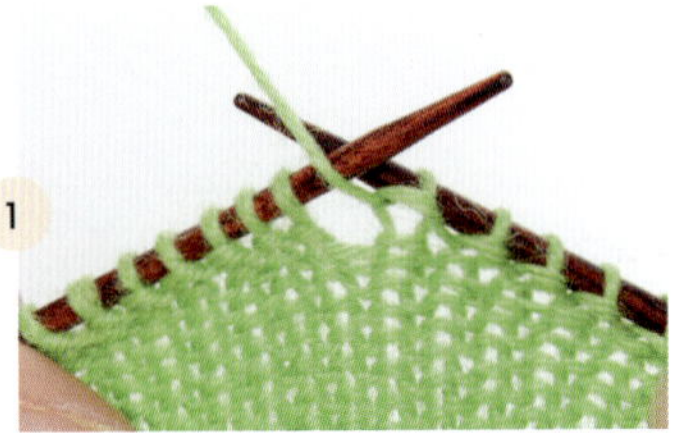

1 Den Arbeitsfaden nach vorn holen und vor die Nadel und die nächste Masche legen.

2
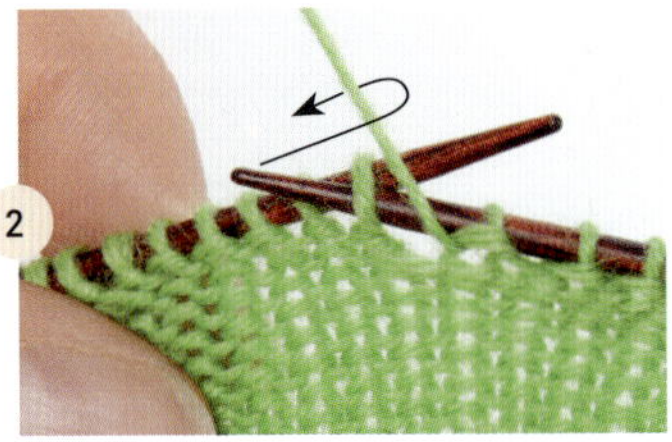

2 Mit der Arbeitsnadel von rechts nach links in die nächste Masche einstechen, dabei hinter dem Faden bleiben. Die Nadel in Pfeilrichtung um den Arbeitsfaden herumführen,

3
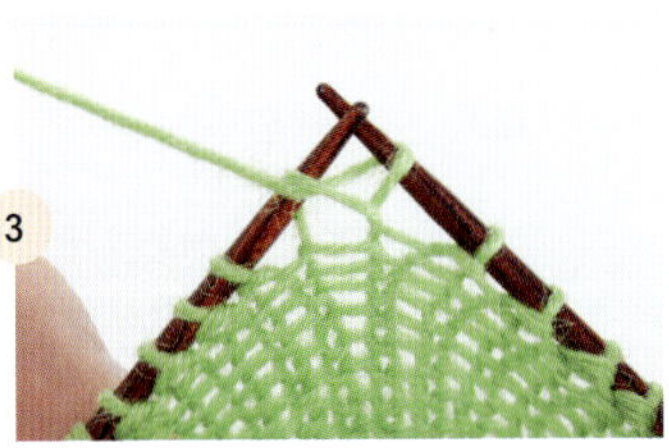

3 … den Faden durch die Masche ziehen und diese von der linken Nadel gleiten lassen.

Rechts verschränkte Maschen

1
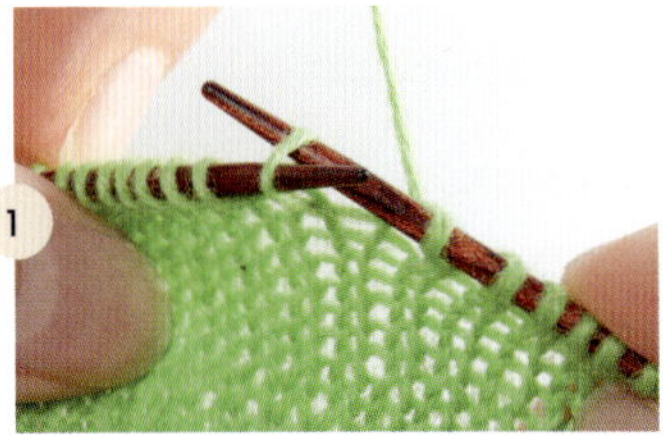

1 Mit der Arbeitsnadel von rechts nach links in die nächste Masche einstechen, der Faden liegt hinter der Nadel.

2
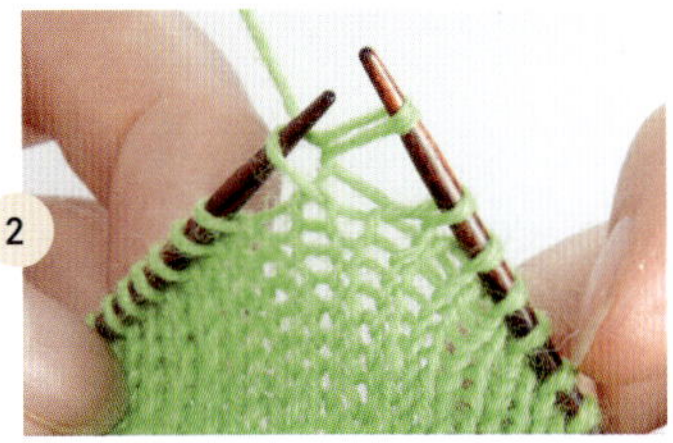

2 Den Faden holen wie bei der rechten Masche beschrieben und durch die Masche ziehen. Die Masche wird leicht in sich verdreht.

3
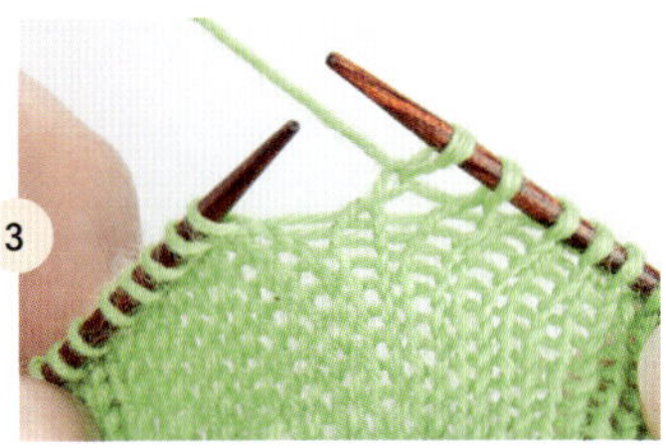

3 Die Masche von der linken Nadel gleiten lassen.

Maschen abheben

Für manche Zwecke müssen Maschen von der linken auf die rechte Nadel gehoben werden, ohne sie abzustricken. Das kann auf verschiedene Weise erfolgen. Beim Abheben wie zum Linksstricken kann der Faden entweder vor oder hinter der Arbeit liegen.

Wie zum Rechtsstricken

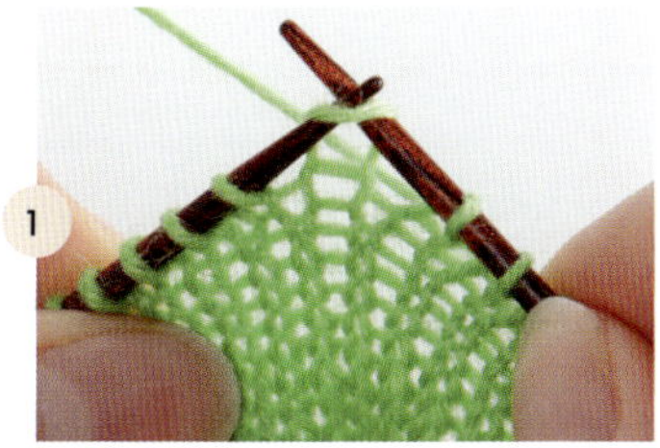

1 In die Masche wie zum Rechtsstricken einstechen. Der Arbeitsfaden liegt hinter der Arbeit.

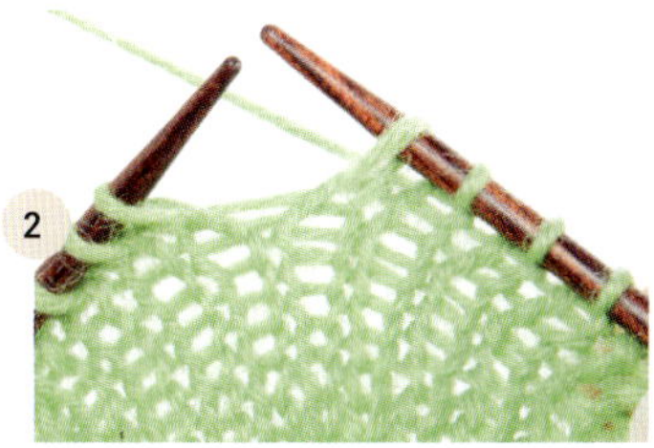

2 Den Faden nicht durchholen, sondern die Masche einfach ungestrickt auf die rechte Nadel heben.

Wie zum Linksstricken – Faden vor der Arbeit

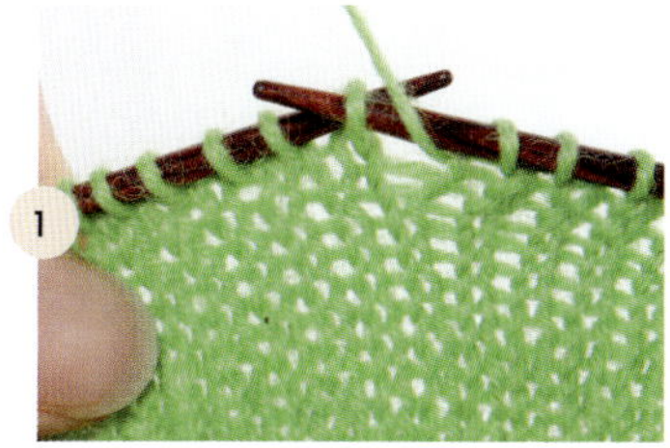

1 In die Masche wie zum Linksstricken einstechen, der Faden liegt vor der Arbeit.

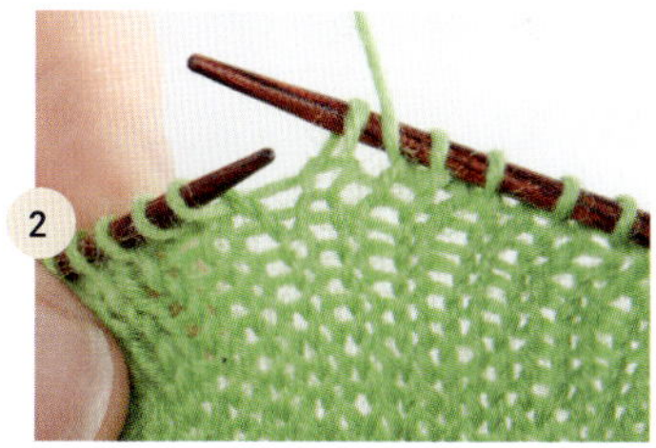

2 Den Faden nicht durchholen, sondern die Masche einfach ungestrickt

Wie zum Linksstricken – Faden hinter der Arbeit

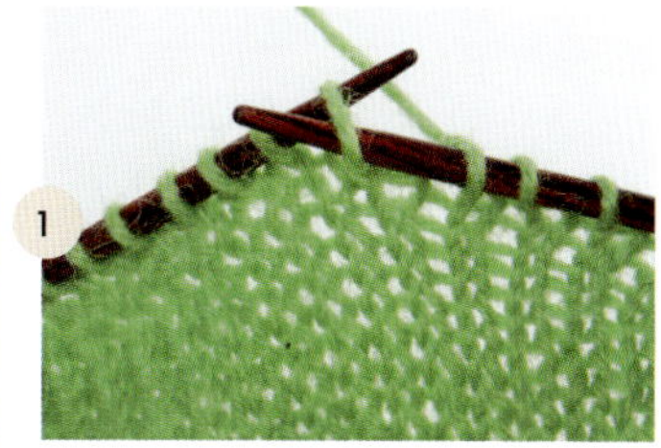

1 In die Masche wie zum Linksstricken einstechen, der Faden liegt hinter der Arbeit.

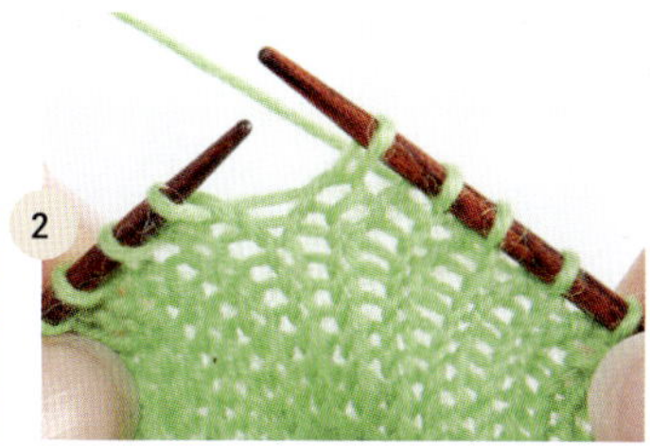

2 Den Faden nicht durchholen, sondern die Masche einfach ungestrickt auf die rechte Nadel heben.

Umschlag

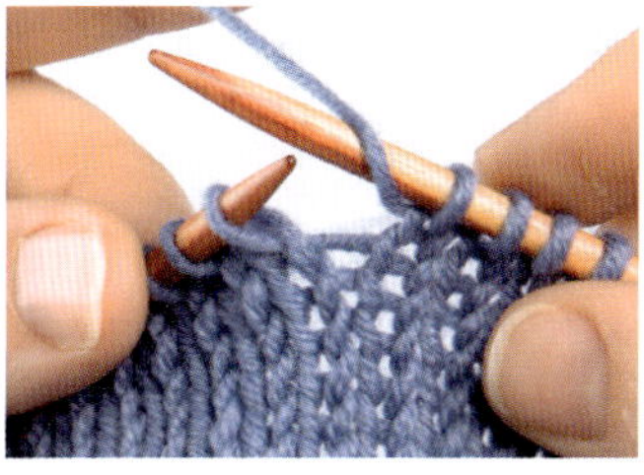

Für einen Umschlag den Faden zunächst zwischen den Nadeln nach vorne nehmen, dann von vorne nach hinten über die Nadel legen. Um eine rechte Masche anzuschließen, den Faden weiterhin hinter der Arbeit halten, um mit einer linken Masche weiterzuarbeiten, den Faden unter den Nadeln wieder nach vorne führen.

Maschen zunehmen

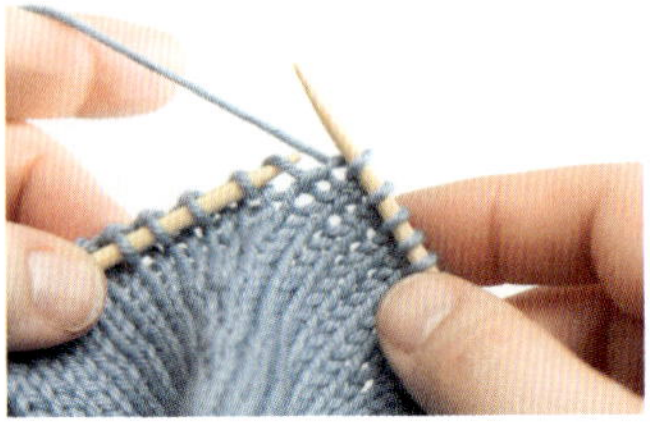

Nach links geneigte Zunahme

1 Mit der linken Nadel den Querfaden von vorn nach hinten aufnehmen.

2 Mit der rechten Nadel von rechts nach links unter dem hinteren Maschenschenkel einstechen, den Faden fassen, durchziehen und die Schlinge von der linken Nadel heben.

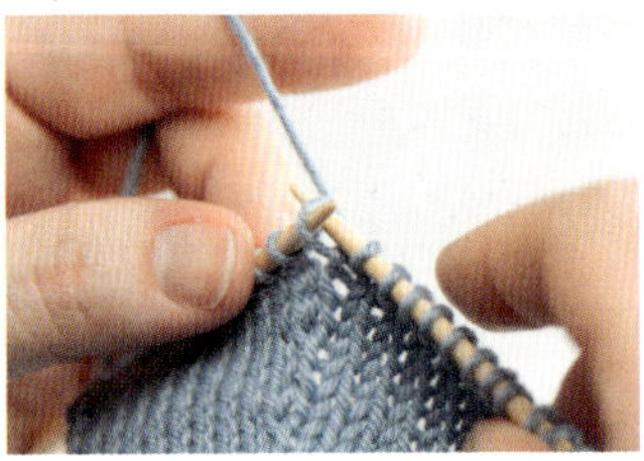

Nach rechts geneigte Zunahme

1 Mit der linken Nadel von hinten nach vorn unter dem Querfaden durchstechen.

2 Mit der rechten Nadel von links nach rechts unter dem vorderen Maschenschenkel einstechen, den Faden fassen, durchziehen und die Schlinge von der linken Nadel heben.

Maschen abnehmen

Durch das Abnehmen von Maschen wird die Maschenzahl reduziert. Je nachdem, in welche Richtung sich die Abnahmen neigen, ergibt sich ein unterschiedliches Maschenbild.

2 Maschen rechts zusammenstricken

Diese Abnahme neigt sich im späteren Maschenbild **nach rechts.**

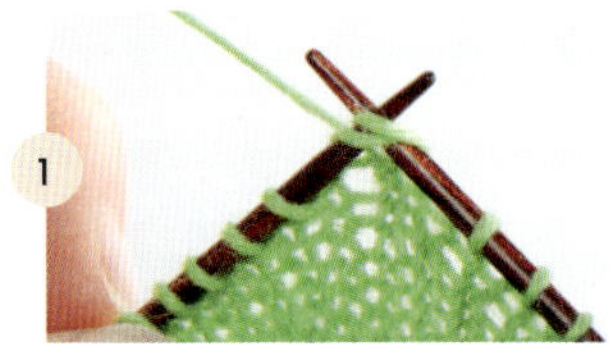

1 Mit der rechten Nadel (= Arbeitsnadel) wie zum Rechtsstricken in die beiden folgenden Maschen gemeinsam einstechen.

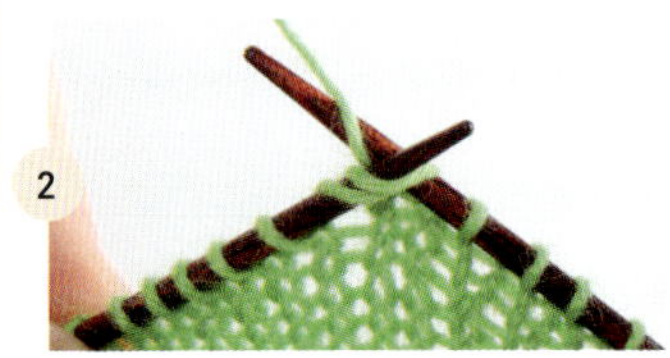

2 Den Faden holen.

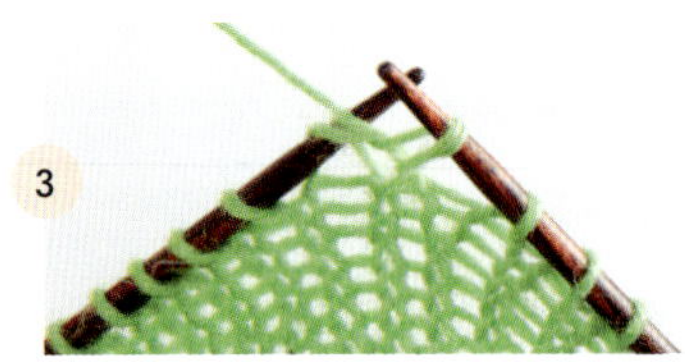

3 … und beide Maschen zusammen rechts stricken.

2 Maschen rechts abgehoben zusammenstricken

Diese Abnahme neigt sich später optisch **nach links.**

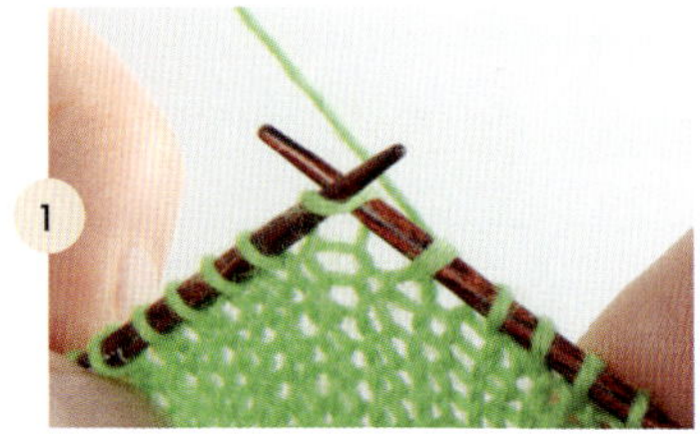

1 Eine Masche wie zum Rechtsstricken abheben. Die nächste Masche ebenfalls wie zum Rechtsstricken abheben.

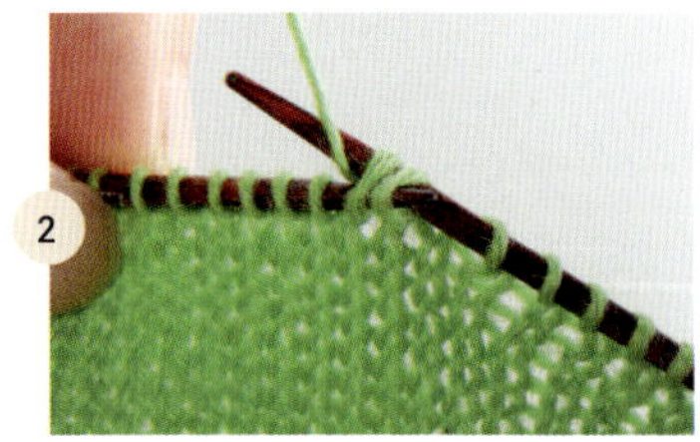

2 Mit der linken Nadel von links nach rechts gleichzeitig in die beiden abgehobenen Maschen einstechen, den Faden holen.

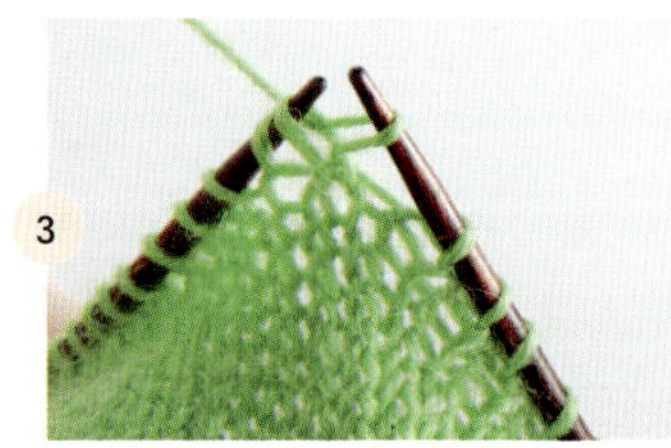

3 … und wie gewohnt durch beide Maschen ziehen.

2 Maschen links zusammenstricken

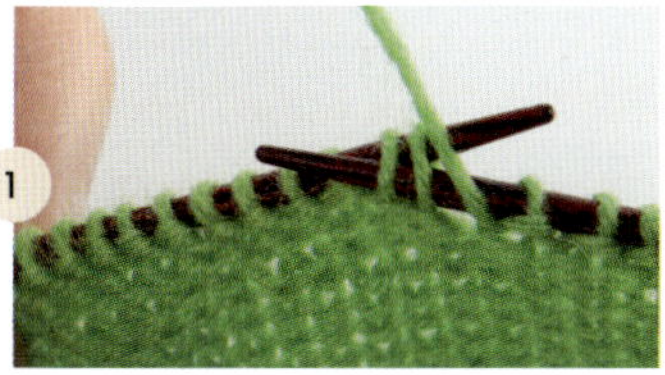

1 Den Faden vor die Arbeit legen. Mit der rechten Nadel in die nächsten beiden Maschen zusammen wie zum Linksstricken einstechen.

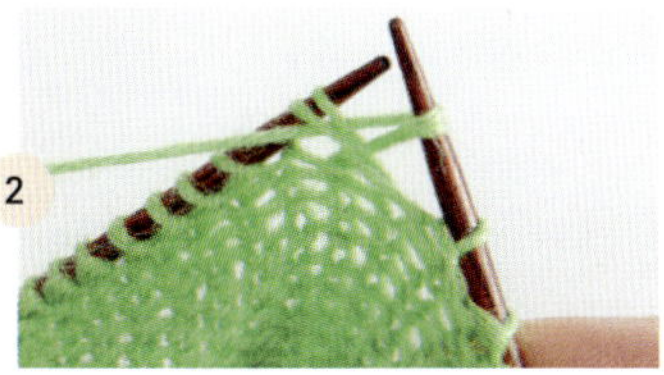

2 Den Faden holen und wie gewohnt durch beide Maschen ziehen.

Abketten

Um ein Strickstück zu beenden, müssen die Maschen, die sich noch auf der Maschennadel befinden, abgekettet werden. Dadurch entsteht eine Abschlusskante, die je nach Art des Abkettens mehr oder weniger elastisch ausfällt.

Rechts abketten

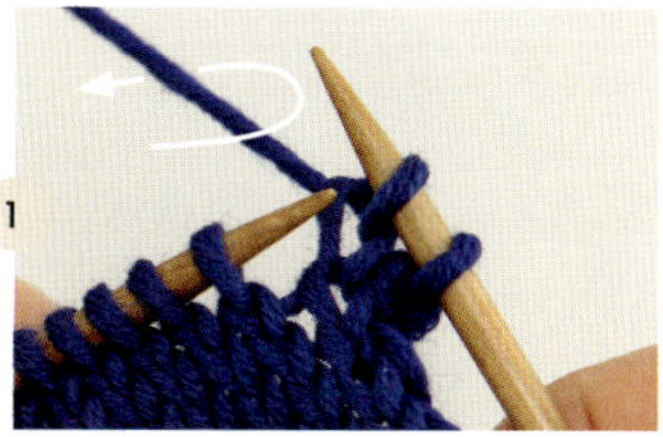

1 Zu Beginn der Abkettkante zwei Maschen rechts stricken.

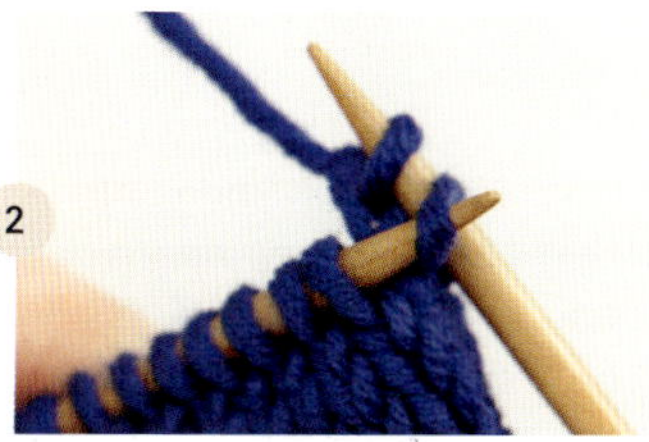

2 Mit der linken Nadel in die erste der beiden Maschen von links nach rechts einstechen,

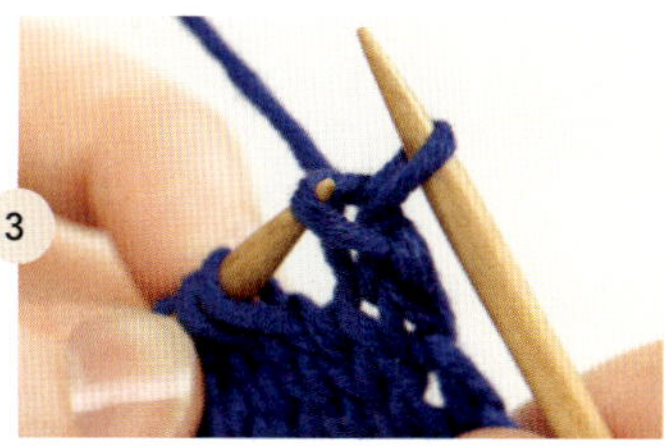

3 …die Masche über die zweite Masche und die rechte Nadelspitze heben und von der Nadel gleiten lassen. Erneut eine rechte Masche stricken und die Schritte 2 und 3 wiederholen.

Links abketten

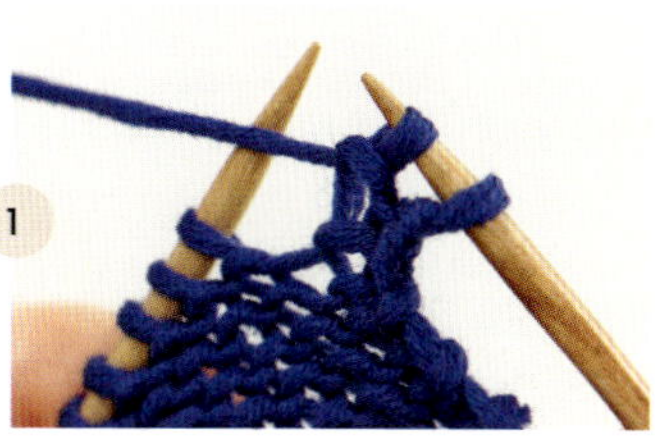

1 Zu Beginn der Abkettkante zwei Maschen links stricken.

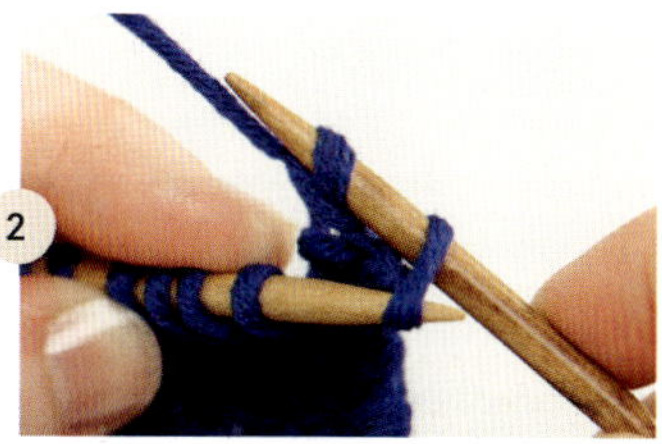

2 Mit der linken Nadel in die erste der beiden Maschen von links nach rechts einstechen,

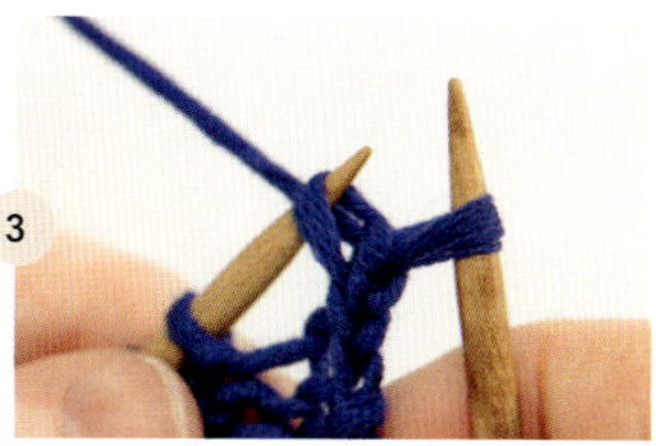

3 …die Masche über die zweite Masche und die rechte Nadelspitze heben und von der Nadel gleiten lassen. Erneut eine linke Masche stricken und die Schritte 2 und 3 wiederholen.

Italienisch abketten

1/1-RIPPENMUSTER Vorbereitungsreihen für 1/1-Rippenmuster

1. Reihe: * Rechte Maschen rechts stricken, linke Maschen mit dem Faden vor der Arbeit wie zum Linksstricken abheben, ab * fortlaufend wiederholen.

2. Reihe: * Die abgehobenen Maschen rechts stricken, die rechts gestrickten Maschen mit dem Faden vor der Arbeit wie zum Linksstricken abheben, ab * fortlaufend wiederholen.

Dann wie folgend beschrieben abnähen.

Vorbereitungsrunden bei 1/1-Rippenmuster

1. Runde: Rechte Maschen rechts stricken, linke Maschen mit dem Faden vor der Arbeit wie zum Linksstricken abheben.

2. Runde: Linke Maschen links stricken, rechte Maschen mit dem Faden hinter der Arbeit wie zum Linksstricken abheben.

Dann wie folgend beschrieben abnähen.

Abnähen des 1/1-Rippenbündchen

Das Abnähen beginnt mit einer rechten Masche. Bei Rippenbündchen, die mit einer linken Masche beginnen, diese vor dem Abnähen mit der folgenden rechten Masche rechts zusammenstricken.

1
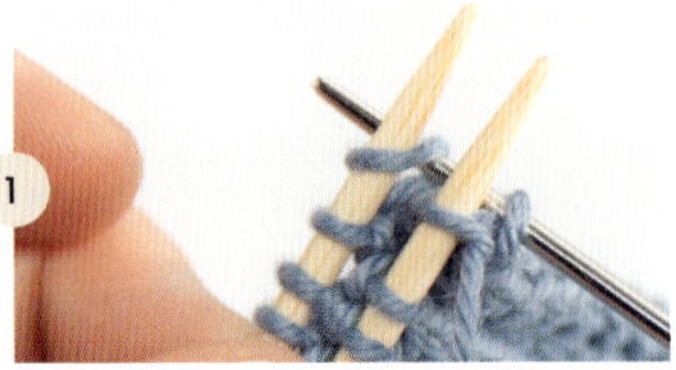

1 In die 1. Masche der vorderen Nadel wie zum Linksstricken einstechen, in die 1. Masche der hinteren Nadel wie zum Rechtsstricken einstechen. Beide Maschen auf der Nadel lassen.

2
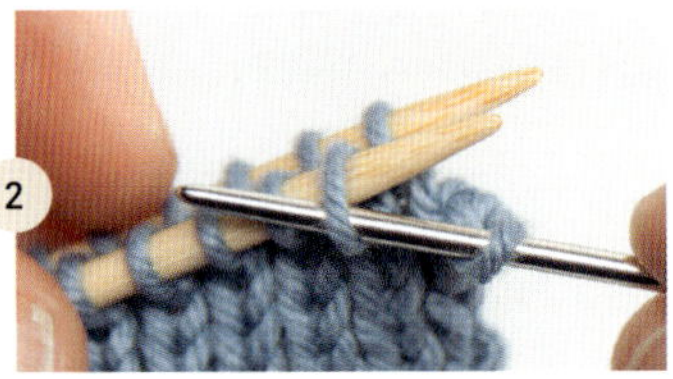

2 * Nur die vordere Nadel abnähen: Die 1. Masche wie zum Rechtsstricken abheben und in die 2. Masche wie zum Linksstricken einstechen, die Masche aber nicht abheben. Den Faden durchziehen.

3
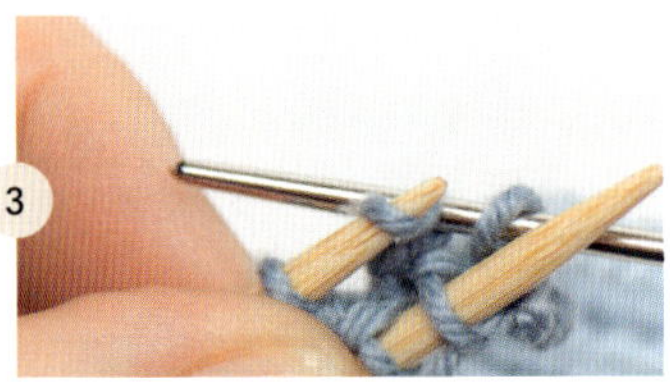

3 Nur die hintere Nadel abnähen: Die 1. Masche wie zum Linksstricken abheben und in die 2. Maschen wie zum Rechtsstricken einstechen, die Masche aber nicht abheben. Den Faden durchziehen.

Fäden vernähen

Nachdem alle Maschen abgekettet sind, geht es ans Vernähen der Fadenenden.

1
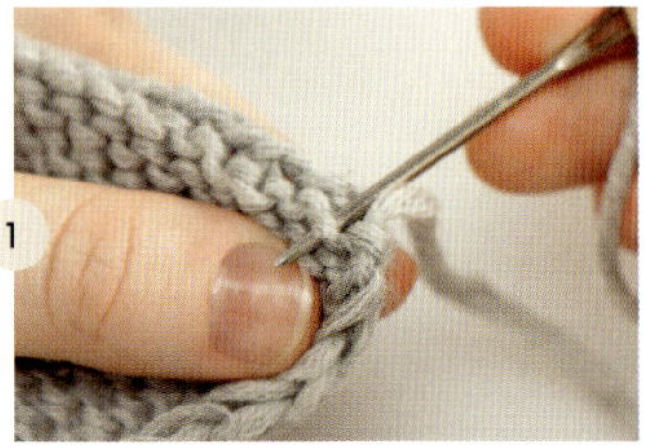

1 Hierfür den Faden in eine Wollnadel einfädeln und durch die einzelnen Maschenbogen einer Reihe führen.

2
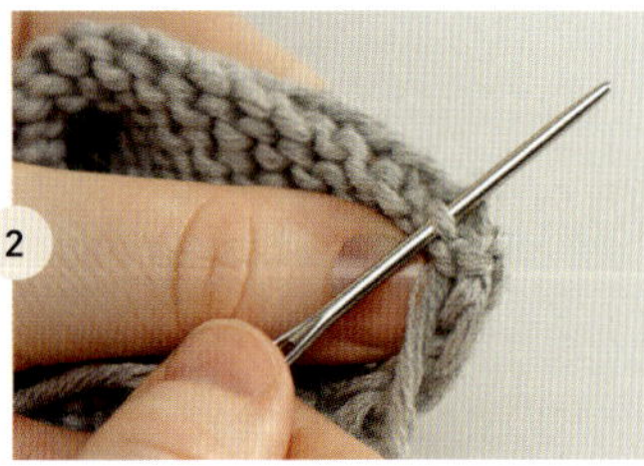

2 Die Prozedur 5-6x wiederholen, den Faden knapp über dem Gestrick abschneiden und etwas ziehen, bis der Faden verschwunden ist.

Pompons anfertigen

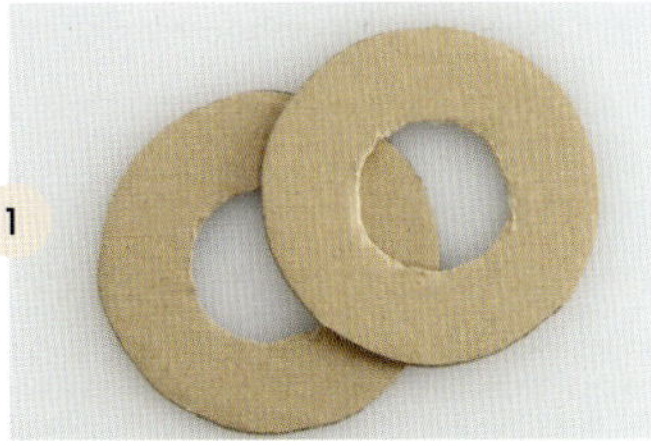

1 Zwei gleich große, runde Scheiben aus fester Pappe ausschneiden. In die Mitte eine kleinere runde Öffnung schneiden. Je größer die Öffnung, desto dichter wird später der Pompon.

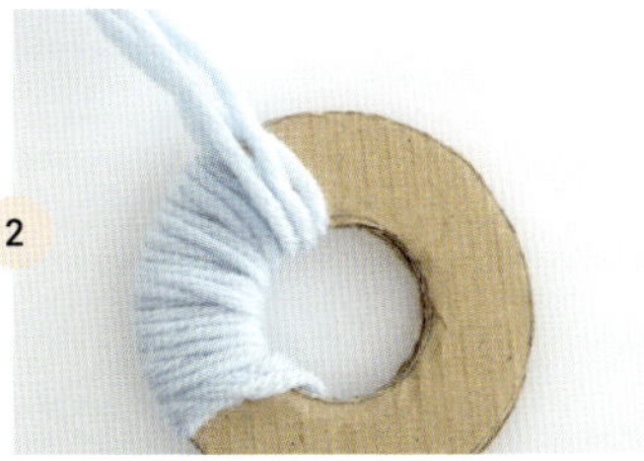

2 Ein langes Stück Strickgarn abschneiden und mehrfach legen. Die Pappringe aufeinanderlegen und mit dem Garn umwickeln. Dabei kann zuerst eine Häkelnadel benutzt werden. Wenn das Loch kleiner wird, das Garn in eine Wollnadel fädeln.

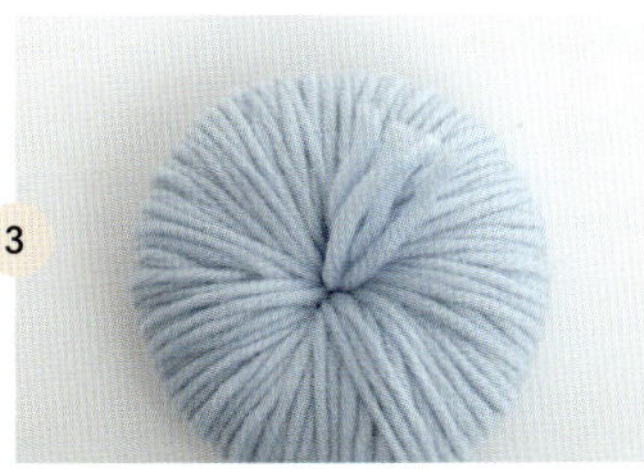

3 Weiterwickeln, bis das Loch geschlossen ist und die Pappringe dick umwickelt sind.

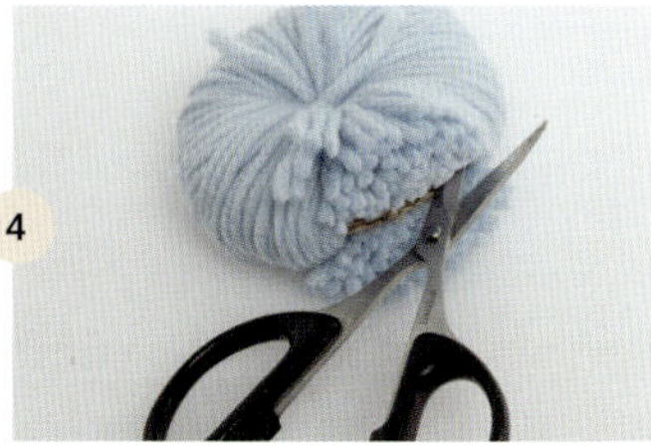

4 Nun die Wicklungen zwischen den beiden Pappringen rundherum aufschneiden.

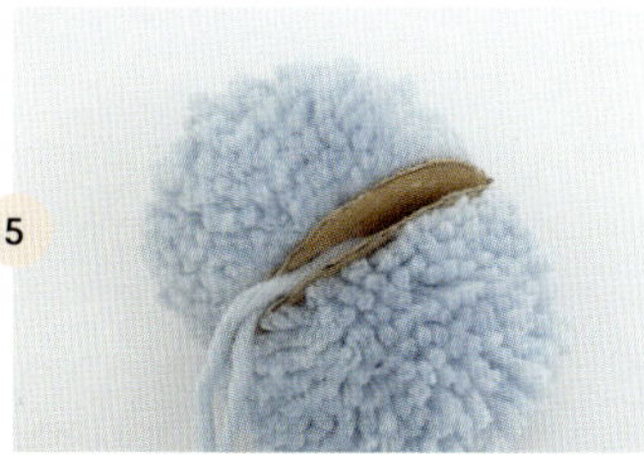

5 Einen langen Faden abschneiden, zwischen den Pappringen um den Pompon wickeln und fest verknoten. Die Pappringe vorsichtig aufschneiden und entfernen.

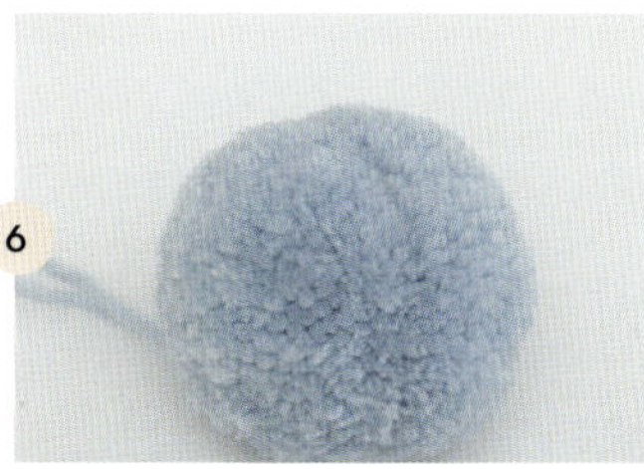

6 Den Pompon in Form schneiden.

Wir danken den folgenden Garnherstellern
für die freundliche Unterstützung:
Austermann (www.schoeller-wolle.de)
Kremke Soul Wool (www.soul-wool.com)
Lana Grossa (www.lana-grossa.de)
Rico Design (www.rico-design.com)
Schachenmayr (www.schachenmayr.com)

KREATIV-HOTLINE

Hilfestellung zu allen Fragen, die Materialien und Bastelbücher betreffen:

Frau Erika Noll berät Sie.
Rufen Sie an: 0711/12375720
(normale Telefongebühren)

E-Mail: mail@kreativ-service.info

Impressum

MODELLE: Manuela Burkhardt (S. 66-69), Stephanie Haberkern (S. 10-13), Kristin Joél (S. 46-49), Ewa Jostes (S. 58-65), Frauke Kiedaisch (S. 34-37), Melanie und Ursula Marxer (S. 6-9), Janine Schulz (S. 30-33), Helga Spitz (S. 26-29), Tanja Steinbach (S. 18-21), Anika Süß (S. 14-17, 54-57), Imke von Nathusius (S. 38-45, 50-53), Brigitte Zimmermann (S. 22-25)

FOTOS: frechverlag GmbH, 70839 Gerlingen; lichtpunkt, Michael Ruder, Stuttgart
PRODUKTMANAGEMENT: Katrin Akyol
LEKTORAT: Lisa-Marie Weigel
COVER: Eva Hook
LAYOUT/HERSTELLUNG: Heike Köhl
SATZ: Dagmar Herrmann, www.two-up.de
DRUCK UND BINDUNG: DZS Grafik, Slowenien

1. Auflage 2024

ISBN 978-3-7358-7139-8 • Bestell-Nr. 27139

FSC www.fsc.org MIX Papier | Fördert gute Waldnutzung FSC® C106600